Embrasser le rêve

Titre original anglais : Embracing the Rainbow

Publié par :
Bridger House Publishers, Inc.
P. O. Box 2208, Carson City, NV 89702

ISBN
978-0-9799176-1-5

Graphisme de couverture : The Right Type
Imprimé aux États-Unis d'Amérique
10 9 8 7 6 5 4 3 2 1

Introduction

Il est difficile de répondre à la fois avec tact et de manière tout de même adéquate à la question : qui est l'énergie derrière ces messages ? La « Source » est le point focal que chaque conscience individuelle doit rechercher. À mesure que chacun progresse à l'intérieur du processus d'identification personnelle, de même progresse l'aptitude à permettre au courant de la Source de passer dans l'expérience. Chacun attirera vers lui les connaissances dont il a besoin pour vivre avec sagesse. Le niveau vibratoire des membres de l'humanité sur Terre et de l'environnement planétaire est tellement bas que cette capacité est virtuellement inaccessible en ce moment. Les membres consentants de l'humanité ont besoin d'aide pour accéder à l'information nécessaire. Afin d'offrir une façon de transcender l'état aberrant actuel, divers points de conscience, vibrant à des fréquences plus élevées, ont volontairement servi de stations d'amplification pour permettre la transmission de l'information à travers ceux qui, au niveau terrestre, voulaient participer. Pour satisfaire à la coutume des Terriens de « personnifier pour mieux identifier », des noms allant de l'exotique au ridicule ont été donnés comme sources d'information. L'information comportait des exercices de discernement et la plupart des participants ont échoué aux examens. On y trouvait beaucoup de vérité profonde mais une bonne partie se vida de son énergie en raison de la parade continue de victimes qui voulaient qu'on résolve leurs problèmes pour elles. L'information fut faussée à mesure que les sources se retirèrent. Les volontaires improvisèrent à leur manière et firent semblant car leur sincérité s'était perdue dans la convoitise et la célébrité qui résultaient du rôle qu'ils avaient joué.

Depuis cette expérience, toutes les parties concernées ont convenu qu'aucun des participants impliqués dans le processus de dictée/transcription/traduction de ces messages ne recevra de compensation monétaire pour ses efforts et que l'identité de ceux qui retransmettent l'information ne sera pas révélée. De plus, aucune information personnelle pouvant bénéficier à qui que ce soit ne sera divulguée. Toutes les énergies impliquées le sont pour le bien de la planète et de ses habitants, un point, c'est tout ! Il faut que la vérité des messages soit reconnue. Cette vérité doit d'abord être utilisée pour le bénéfice de la planète et de ses habitants. Ces derniers doivent, à leur tour, la recueillir et l'appliquer personnellement en tant que membres de la collectivité à laquelle les messages s'adressent. Tout ceci doit se dérouler sans qu'il y ait référence à des noms de personnes pour valider la vérité. Si vous ne pouvez comprendre cela, alors vous devez relire les messages jusqu'à ce que l'intégration de l'information offerte permette la transcendance du besoin d'identifier et qu'elle inspire l'engagement envers l'intention holographique qui a offert les messages.

Il faut espérer que ce message concis recevra le haut degré d'importance que nous lui avons conféré. La fenêtre d'opportunité qui s'ouvre pour accomplir l'énorme transition de conscience nécessaire est bien petite comparée à la taille des obstacles que constituent, pour les humains leurs vieilles croyances. Ces dernières doivent être littéralement désagrégées afin que l'ensemble puisse être transformé.

Nous souhaitons sincèrement que la vérité présentée dans ce livre aura l'effet d'une épée qui transpercera les armures de la tromperie et ouvrira l'esprit et le cœur d'un nombre suffisamment grand d'entre vous pour assurer la réussite.

Chapitre 1

Les activités individuelles des gens qui ont reçu et lu nos messages ainsi que le Manuel pour le nouveau paradigme nous ont permis de constater que l'information que nous leur avions fournie leur était d'un grand intérêt. Tel que prévu, nous avons été témoins de tout un éventail de réactions allant de l'acceptation complète au refus total. Cependant, l'impact fut satisfaisant et efficace dans son ensemble. Les lumières de la compréhension sont déjà visibles en de nombreux endroits sur votre planète.

L'assimilation et la mise en application des concepts présentés dans le Manuel accéléreront leur acceptation ; de plus, cette application stimulera le désir d'une compréhension accrue. Ceci créera une ouverture qui permettra le mouvement vers l'objectif d'un nouveau paradigme et ce dernier commencera à se manifester. Lorsque le temps viendra d'ajouter une plus grande dimension au concept d'une nouvelle expérience pour l'humanité, l'information menant à la prochaine étape sera disponible et distribuée. Une fois que les êtres humains auront transcendé leur attitude de victime pour embrasser la reconnaissance du pouvoir personnel en s'alignant avec le flot expansif des énergies créatrices, leur soif d'une plus grande compréhension s'éveillera. Chacun devra déprogrammer son habitude ancrée de se tourner vers l'extérieur pour trouver les réponses à ses questions et apprendre à appliquer le concept du pouvoir personnel dans sa vie quotidienne, de manière à asseoir la réalité manifestée sur une nouvelle fondation.

Sans ces changements adéquats à de profonds niveaux de la psyché et sans l'application des lois universelles expliquées précédemment, les prochains niveaux de compréhension ne seront rien de plus qu'un autre exercice intellectuel divertissant. Une grande quantité de la précieuse information que d'autres canaux ont reçue est devenue matière à nourrir le fanatisme, avec peu ou pas d'application pratique dans l'expérience de vie. La concentration s'est portée vers la survie du corps physique afin de maintenir les mêmes idéaux et le même style de vie jusqu'à ce que les intéressés puissent « ascender », c'est-à-dire se sortir de la situation en y échappant, plutôt que de se transcender (se dépasser ; aller au-delà des possibilités apparentes de sa propre nature). La pensée doit être centrée de manière plus holistique et inclure la survie, non pas dans le but de s'échapper individuellement du marais d'une situation destructrice mais dans le but de participer à la démolition du joug d'obscurité et de mettre fin à l'abaissement de l'expérience vibratoire de l'humanité et de la planète. En d'autres termes, plutôt que d'utiliser l'information en vue d'abandonner le bateau, utilisez-la pour mieux affirmer votre engagement à trouver une solution.

Une fois l'objectif clairement défini par une déclaration d'intention, que faut-il faire ? Quelles directives de participation assureront cette transcendance de la difficulté pour enfin vivre l'expérience du nouveau paradigme ? C'est le sujet du prochain niveau d'information. Une bonne dose de fausse information a propagé l'idée d'une libération et d'une réforme assurées par des êtres extraterrestres. Les citoyens n'auraient plus qu'à méditer et à attendre que des processus magiques viennent modifier leur environnement pour eux. Il serait sage de ne pas compter sur une telle aide. Il y a un proverbe qui dit : « Aide-toi et le ciel t'aidera. » C'est une vérité qu'il vaudrait la peine d'afficher dans une douzaine d'endroits pour

vous rappeler de laisser aller l'attitude mentale de la victime qui a
besoin d'être secourue. Vous recevrez de l'aide mais les victimes ne
seront pas secourues. Les niveaux vibratoires qui animent le schéma
mental de la victime ne lui permettent pas d'accéder aux dimensions
plus hautes.

Abandonner l'attitude de la victime est une décision personnelle.
Ce n'est pas un processus facile. Si vous secourez des gens, vous
devenez leur victime. Sympathiser avec ceux qui sont prisonniers de
leur image de victime renforce ce schéma et vous rattache à eux. Le
discernement vous permet de reconnaître la situation et à ce point-là,
vous devez admettre qu'ils ont créé cette situation en soutenant la
croyance que d'autres contrôlent leurs choix. Cela ne veut pas dire
que vous devez ignorer leur situation critique mais cela détermine
que vous ne pouvez faire pour eux ce qu'ils sont peu disposés à faire
pour eux-mêmes. Aucune méthode empirique n'indique comment
leur porter assistance de manière sage. Leur situation critique résulte
de décisions personnelles qu'ils ont prises et d'attitudes qui ont
influencé ces décisions. Souvenez-vous, ils sont des humains en
devenir ou non, selon leur propre choix. Apprenez-leur la prière « Je
suis un humain en devenir, aidez-moi à devenir ! » et rappelez-la-leur
lorsqu'ils sont au milieu de leur mini feuilleton ; puis, suggérez-leur
avec tact d'autres points de vue, à mesure que vous en devenez vous-
même conscient. L'utilisation de cette prière magnétisera vers eux de
nombreuses opportunités.

Le point critique de la prochaine étape du processus de
transcendance repose sur l'acceptation de la capacité personnelle de
chacun de laisser tomber l'attitude mentale de victime en endossant
sa responsabilité personnelle d'utiliser les lois universelles pour
prendre charge de sa propre expérience manifestée. Cela ne veut
pas dire que chacun doive devenir millionnaire pour prouver qu'il a
compris. En fait, la plupart d'entre vous trouveront que l'abondance
est le reflet de sentiments intérieurs d'approbation de soi et de
confiance qui oblitèrent la nécessité de démonstrations matérielles
impressionnantes pour l'agrandissement de l'ego. Ce que vous faites
pour vous-même et pour les autres est plus important que ce que vous
possédez. Quand vous agissez ainsi, tout ce dont vous avez besoin
vient à vous sans effort puisque vous vous trouvez à baigner dans le
courant expansif de création.

Le but ultime de chacun est de devenir et il s'accomplit de manière unique en utilisant le libre arbitre pour faire des choix. L'aide est disponible. Vous pouvez en recevoir mais vous ne pouvez demander d'être sauvé ; vous ne pouvez pas non plus surfer la vague des accomplissements de quelqu'un d'autre. Chacun doit savoir que son expérience lui est personnelle et qu'elle ne souffre pas la comparaison avec celle des autres. Chaque incarnation est une occasion pour l'âme d'exprimer les objectifs qui lui sont propres par le biais de ses choix et de ses décisions. Il n'y a pas d'erreurs, sauf celle de garder un esprit fermé face aux concepts apparemment nouveaux et de répéter l'expérience en cours encore et encore, par manque de conscience de la connexion qui nous relie à la Source qui nous a envoyés en manifestation. Cette connexion vibre dans la conscience de chaque être humain ; les choix et les décisions que nous prenons déterminent si nous l'ignorons ou si nous la reconnaissons. Notre but est de déclencher en chaque être humain la reconnaissance de cette connexion, soit de manière individuelle, soit dans la conscience collective à un niveau planétaire, en utilisant ce que vous appelez la théorie du 100e singe.

D'abord et avant tout, il faut arriver à transcender l'attitude de victime et accepter sa responsabilité personnelle. Ce processus exigera que les individus s'éloignent de ceux qui refusent de changer leurs perceptions et s'alignent avec d'autres disposés à faire ce changement. Lorsque les vies commencent à changer suite à l'acceptation et à l'utilisation de la responsabilité personnelle par l'application des lois universelles, ceux qui étaient précédemment peu disposés à changer auront encore le choix d'emboîter le pas ou non. Souvenez-vous que le libre arbitre crée l'imprévu dans la 3e dimension et chacun fait des choix, qu'il l'admette ou non. Si le thème responsabilité personnelle vs victime revient sans cesse, c'est que le processus de transcendance vers de plus hautes dimensions repose sur ce concept. C'est le roc d'où l'on tire la pierre angulaire. C'est le premier pas d'un long voyage. Et quoiqu'il soit facile d'en parler, il reste que le passage à l'acte est la seule preuve tangible de votre compréhension. L'individu lui-même et la source de sa manifestation déterminent ensemble comment s'accomplira cette transformation. Chaque individu trouvera sa raison d'être et le chemin à suivre en se laissant guider par les compréhensions intuitives que lui communique sa source. Des occasions qui vous sembleront vraiment pertinentes se présenteront si vous demandez de l'aide. Les choix incorrects seront difficiles à vivre et pas tellement satisfaisants. Si vous demandez le discernement, vous récolterez le savoir et vous vous attirerez d'autres occasions. Une maison solidement assise sur le roc pourra supporter des couches de briques superposées. En d'autres mots, vous devez commencer par le commencement.

Chapitre 2

La Bible mentionne que deux êtres seront debout au champ mais qu'un seul sera choisi. Cette citation supporte-t-elle la croyance qu'il y aura une évacuation d'une partie de l'humanité par vaisseaux spatiaux ? Dans ce cas-ci, la référence pourrait plutôt s'appliquer à la foi en un processus créatif et à l'alignement avec le courant d'énergie auto contemplatif expansif qui donne naissance à chaque âme dans l'expérience manifestée. Lorsque cet alignement atteint un degré de compatibilité qui permet de transiter vers une plus haute expérience dimensionnelle, le transfert peut se faire durant l'expérience de vie. Cela « peut » se faire mais c'est un événement rare lorsqu'une planète entière vibre au taux que vous connaissez actuellement. Cela ne s'est pas produit depuis longtemps, contrairement à certaines histoires qui circulent. Cela ne veut pas dire que quelques expériences de fusion ne se sont pas produites. Mais pour ce qui est de déménager de votre planète six milliards d'êtres humains en vaisseaux spatiaux, tel que certaines rumeurs l'ont fait croire, réfléchissez par vous-mêmes au nombre de vaisseaux et aux installations qu'une telle opération nécessiterait et la réponse est évidente. Si l'humanité dans l'état où elle se trouve maintenant devait être transférée sur une autre planète, nous aurions deux planètes en situation de crise plutôt qu'une.

Chaque être humain sur cette planète s'est incarné dans le but de participer à aligner la situation actuelle au plan cosmique d'expérience du libre arbitre, ce qui mènera à l'équilibre. Cela fait beaucoup d'intention. Cette intention est là pour être utilisée en vue de mener la situation à son point de résolution. Lorsque les êtres humains, ou tout au moins un bon nombre d'entre eux, seront passés au travers de cette situation et qu'ils y auront remédié eux-mêmes, à ce moment-là, et seulement à ce moment-là, pourront-ils dériver de leur intention l'état d'équilibre recherché. Si nous mettons en perspective l'évolution de chaque âme, aucune d'entre elles ne choisirait d'être secourue. Les histoires de sauvetage reposent sur l'attitude mentale de victime. Est-ce que cela rend ces messages mensongers ? C'est à vous d'en juger. Il y a toujours une dose de vérité à trouver et elle diffère pour chacun. Tournez-vous vers la partie de votre être qui peut vous aider à discerner ce qui est vrai pour vous ; partez de là pour vous faire une opinion et vous saurez.

On parle ici et là d'un cycle d'énergie appelé la ceinture de photons. Certains ont rapporté que c'était un champ d'énergie en forme d'anneau qui se situait près du système stellaire des Pléiades. Est-ce qu'il existe vraiment ? Bien sûr qu'il existe et c'est à juste titre qu'on l'appelle un cycle. Peu importe ce qu'on en a « vu », c'est un mouvement transitoire entre les expériences polaires positives et négatives, pour reprendre vos termes. Plusieurs ont comparé cette expérience à un mouvement de balancier allant d'un extrême à l'autre. Cette comparaison serait appropriée dans un mode de pensée linéaire ; cependant, le processus d'expérience dans les dimensions plus hautes n'est pas linéaire. Puisque la majeure partie des expériences se passe dans l'expression dimensionnelle plus élevée, il vaut mieux utiliser des termes holographiques pour représenter la réalité. Les textes religieux contiennent des références à des roues s'imbriquant dans d'autres roues (engrenages), ce qui indique que de multiples cycles sont en mouvement et en interaction les uns avec les autres. Cela nous rappelle les mécanismes d'une montre mécanique. Cependant, vous avez maintenant des montres qui tiennent parfaitement le temps sans l'aide de ces roues. De la même manière, des cycles peuvent se dérouler selon un mouvement qui n'est pas nécessairement circulaire. Bien que vous puissiez observer des mouvements circulaires autour de vous, tels celui du système solaire et celui du zodiaque, lorsqu'observés à partir d'une perspective holographique, ces mouvements apparaissent comme des spirales qui permettent l'expansibilité des énergies créatives. S'ils n'étaient que circulaires, alors tout ce qui existe serait statique plutôt qu'expansif. Cela limiterait l'évolution et, comme vous pouvez facilement le comprendre, l'ennui et la mort seraient effectivement de la partie. De ce point de vue, vous pouvez maintenant comprendre l'importance de l'expansibilité à la base de la Création et comment l'évolution est une composante naturelle de l'expérience. Vous basant sur ce cadre de référence, vous pouvez commencer à saisir que la spirale est créée par un mouvement circulaire qui entrelace les pôles. Il va d'un pôle à l'autre, élargissant de plus en plus les spires (enroulements) de la spirale et déterminant si l'enroulement se fera en montant ou en descendant. L'énergie nécessaire pour maintenir le mouvement et passer d'un pôle à l'autre est similaire à une charge électrique. Cela se fait par l'entrée et le passage au travers d'un certain champ d'énergie qui cause un changement dans la polarité. Ces champs d'énergies sont également en mouvement ; ils se déplacent à travers la galaxie en cycles coordonnés à tous les autres cycles avec une précision mathématique.

La planète Terre se tient maintenant à la jonction de plusieurs cycles. C'est un événement rare et de grand intérêt pour cette portion de la galaxie. La coïncidence de ces cycles augmentera l'impact et la portée de la transition entre les pôles ; le fait que la conscience des êtres et celle de la planète soient préparées à le faire est un autre facteur important dans la balance. Mais ces consciences ne sont pas au niveau d'évolution visé, suite aux échecs à effectuer les transitions qui se sont présentées au cours du dernier cycle d'environ 26 000 années. Ajoutez à cela le plan prémédité des forces antagonistes d'empêcher la transition cyclique et de causer délibérément le chaos afin de prolonger le cycle du pôle négatif à leurs propres fins. Cela permet de saisir la nécessité pour les êtres humains sur cette planète de faire un bond dans la conscience afin de survivre à cette transition d'énergies vers le prochain cycle, en se rassemblant en une conscience collective dont la fréquence vibratoire aura augmenté. Abandonner le rôle de victime pour accepter la responsabilité personnelle produirait l'élévation nécessaire pour accomplir le changement. Le degré de transformation dans la conscience collective déterminera l'intensité de l'expérience planétaire à un certain point du champ énergétique que vous appelez la ceinture de photons et la capacité de l'humanité à faire l'expérience de la transition au travers de cette ceinture.

Le degré de transformation déterminera également le degré de réussite du plan antagoniste. Inutile de le dire, nous ne permettrons pas que leur plan réussisse mais ces questions demeurent, à savoir : quelle part les habitants de la Terre joueront-ils et où se retrouvera la conscience de l'âme une fois le scénario déroulé ? Nous devons souligner le fait que l'équipe au sol est incluse dans ce drame ; elle s'est portée volontaire pour aider, ce qui veut dire qu'elle partage aussi le destin de la conscience planétaire. Il n'y aura aucun sauvetage. Chacun s'élèvera ou tombera, suivant le cours du destin. Cette réalité nourrit donc l'esprit d'engagement et la focalisation des énergies nécessaires pour aider l'humanité à accomplir ce dernier effort in extremis afin de réussir l'alignement vibratoire.

Chapitre 3

Lorsque viendra le temps des sérieux changements gouvernementaux, les citoyens s'indigneront. Des mesures sont déjà prises pour que l'individu soit accablé et incapable de réagir autrement que par la soumission. On s'attend à ce que les gens s'agenouillent devant leur dieu, celui qui est assis sur son trône très loin là-haut. Ils se considéreront punis pour avoir commis quelque grande faute ; en d'autres mots, ils joueront les victimes. La force intérieure de l'âme a été totalement négligée. La technique d'accabler les citoyens dans leur ensemble a été analysée, étudiée et planifiée pour produire le choc et la réaction désirés. Comme dans toutes les expériences, les attentes de ceux qui ont établi les critères influencent le résultat. Les « données scientifiques » tellement prisées par les scientifiques de cette époque sont aussi exactes que les opinions du moment le permettent. Donc, lorsque de nouvelles possibilités font surface, les vieilles théories s'émiettent et sont remplacées. Cela indique qu'il existe une possibilité que les réactions auxquelles les manipulateurs s'attendent puissent être remplacées par des actions qui ne font pas partie du scénario qu'ils ont écrit.

Les êtres humains ont été conditionnés à se méfier de leurs compagnons d'existence. Peu d'entre eux ont pris conscience des interconnexions qui existent du fait qu'ils partagent la même source de manifestation dans l'expérience. Puisque chacun émane du pouvoir créateur qui se contemple lui-même, vous pouvez compter sur le fait qu'il y ait des rapports encore inconnus entre les fragments d'une même source et un pouvoir dans ces rapports qui est tout à fait inexploité. Nous avons discuté précédemment des inquiétudes que cause la situation actuelle sur cette planète-ci et de l'importance de la convergence des cycles au regard des transitions disponibles.

Nous avons spécifié que toutes les consciences, à tous les niveaux, y compris celui de dieu/déesse, sont concentrées sur ce processus. À ce moment-ci du scénario, il n'y a que la vigilance qui prenne place. Cependant, lorsque le moment viendra, vous pouvez être assurés que des capacités latentes, disponibles dans la conscience et dans la structure physique du corps humain, pourront et seront activées.

La capacité de recevoir cette stimulation et d'accomplir ce qui sera nécessaire dépendra de la conscience de l'individu et, en particulier, de sa capacité à assumer le pouvoir personnel dans le cadre d'un comportement holistique. Les énergies rencontrées à l'approche de la ceinture de photons et durant sa traversée ne seront pas les mêmes que celles que vous expérimentez pour le moment. Le dernier changement de polarité en cours tire à sa fin. Ici encore, il est difficile d'exprimer en termes linéaires et de manière compréhensible ce qui est de nature holographique. Dans une structure holographique, tout est interactif dans un format coopératif. Lorsqu'il y a déséquilibre, les parties encore en équilibre concentrent leur attention pour que le tout retrouve l'équilibre. Des énergies interactives sont générées pour éveiller des connexions latentes afin de mettre en branle tout l'apport nécessaire pour permettre le retour à l'équilibre. Nous revenons encore à la compréhension que la pensée a la capacité de penser. La potentialité pure qui pense et qui entre en interaction avec elle-même est à l'origine de tous les éléments manifestés dans toutes les formes ; c'est un processus naturel. Dans son explication la plus simple, un être humain est une pensée qui pense et par conséquent, il est conscient de lui-même. Ici-bas comme aux cieux. La galaxie entière, et davantage, est une pensée qui pense et qui est consciente d'elle-même.

En termes simples, l'objectif du nouveau paradigme est d'assurer la transition de l'humanité de l'attitude mentale de victime à l'utilisation du pouvoir personnel, ce qui amènera une élévation du taux vibratoire des émanations de la planète et de ses habitants. Planter les moyens de faire cette transition est le but de ce segment de l'équipe au sol. Une fois que ces moyens auront été plantés et relâchés pour accomplir le but projeté, la stimulation des connexions latentes fera passer le message via la conscience collective à tous les êtres humains capables d'accepter le nouveau paradigme et de commencer à fonctionner dans ce cadre. L'étape suivante sera de propager l'enseignement des quatre lois universelles de base et de procéder à leur application dans l'expérience individuelle de chacun. Ces concepts sont inclus dans le premier livre de cette série, Manuel pour le nouveau paradigme, et une fois qu'un petit groupe aura commencé à les étudier et à les pratiquer, d'autres connexions latentes commenceront à s'ouvrir à la stimulation qui parviendra à la planète avec une fréquence accrue.

Il est facile de se faire prendre par la peur de ce qui pourrait arriver si l'on considère l'état actuel de la conscience des habitants de la planète. Cependant, il est important de garder à l'esprit que cette conscience est mûre pour le changement et que ce dernier est en marche. D'autres équipes au sol accomplissent les tâches assignées qui assurent les raccordements et fournissent la synthèse holographique qui prend maintenant forme. La situation n'est pas désespérée ; au contraire, elle est encourageante. Alors que chaque membre de l'équipe au sol a été stimulé à s'éveiller à sa tâche assignée et à s'y appliquer, la plupart du temps poussé par le besoin d'agir, que cela ait du sens ou non, de la même manière, un processus s'offrira à la conscience collective.

Vous avez été programmés à vous méfier de votre côté humain. En retrouvant votre pouvoir personnel, il devient nécessaire que vous choisissiez de faire confiance au pouvoir de vos concitoyens. Est-ce qu'il y aura des exceptions ? Oui, il y en aura. Le discernement sera parmi les fonctions latentes qui seront stimulées. Vous saurez et quand vous ferez confiance au processus, vous ne rencontrerez plus les personnages douteux. L'attitude de victime attirera l'expérience de victime par la Loi d'attraction. Ceux qui embrassent le recouvrement de leur pouvoir personnel d'une manière holistique continueront d'évoluer dans le cadre d'une expérience plus grande et seront attirés vers leurs semblables pour créer le nouveau paradigme.

Ce message n'est pas trompeur. Vous êtes une pensée capable de penser. Il y a une conscience de groupe qui pense. Vous pouvez changer d'idée (de pensée) ; le groupe peut en faire autant. Il s'agit donc d'ensemencer le processus avec une alternative puissamment attirante. Une fois qu'elle est mise en pratique, son pouvoir s'accroît, surtout si les foyers concernés des plus hauts niveaux de conscience manifestée lui accordent un intérêt supplémentaire. La manifestation physique provient de la pensée focalisée. Si la pensée focalisée se transforme par choix et par requête, alors la manifestation physique doit lui faire écho et changer également.

Il est facile d'oublier tout ceci lorsqu'on est inondé quotidiennement et délibérément comme vous l'êtes de données dont le but est de contrôler vos facultés. C'est pourquoi nous encourageons chacun de vous à continuer à relire et à étudier les livres de cette série. L'information est simple, directe et ne contient pas de techniques autres que celle d'offrir une solution qui vous raccorde au flot des énergies expansives qui maintiennent toute la Création et lui permettent de se perpétuer dans le cadre des lois universelles.

L'aspect du libre arbitre est à la fois l'épine et la fleur du processus. C'est l'émanation vitale de l'énergie créative. Il contient en essence les deux pôles, positif et négatif, et il n'est pas lié par les cycles. Les pôles sont disponibles selon la fantaisie du moment, ce qui permet de modifier la Création au niveau manifesté. Le libre arbitre ne peut pas être contrôlé. Il peut être influencé, mais à n'importe quel moment, la conscience individuelle peut simplement changer d'idée et repousser l'influence. La pensée peut créer une expérience et la modifier complètement. Une concentration de pensées combinées est toute-puissante quand elle opère à l'intérieur des lois universelles et qu'elle est soutenue par un engagement émotif.

Le retour au pouvoir personnel d'une personne, après avoir fait l'expérience du rôle de victime et après avoir été freinée dans son évolution, produira dans l'âme une sensation émotive comparable à la joie dont tant de religions ont parlé. De même que l'amour et la haine ne peuvent partager le même coeur, la joie et la perception d'être une victime ne peuvent non plus habiter la même expérience. Le courage de choisir est la responsabilité de tout être humain qui crée son expérience, dans ce cas-ci avec toute l'aide possible, disponible sur demande.

Chapitre 4

Il fut un temps où les citoyens de cette planète résidaient ailleurs dans la galaxie. Ils n'habitaient pas un corps comme le vôtre mais vous pourriez dire qu'ils sont vos ancêtres. L'espèce humaine n'est pas originaire de cette planète. Cette révélation va certainement choquer ceux qui se croient issus d'une quelconque soupe primordiale.

Cependant, souvenez-vous que la création est possible à partir d'une intention couplée d'un objectif, selon les lois de l'univers. Le scénario créationniste qui suggère des critères de sélection aléatoire ne peut assurer le développement adéquat du corps, du mental, de l'esprit et de l'émotion. Il est vrai que le corps physique retient les attributs physiques du contenu minéral de la Terre, mais cela tient à la Loi d'attraction qui prend en compte l'adaptation à l'environnement. Le corps humain a cela de merveilleux qu'il a des capacités adaptatives qui assurent sa survie dans des environnements hostiles. Cela est certainement prouvé à l'heure actuelle si l'on considère l'introduction volontaire de combinaisons chimiques abrasives et de variations vibratoires conçues pour le détruire. Le plan implique que seuls les plus adaptables survivront et qu'ils seront utilisés à des fins expérimentales supplémentaires d'adaptation et d'exploitation. La résistance à un environnement négatif permet l'adaptation et peut stimuler le progrès ou la régression, selon le degré et la concentration du désir individuel de traverser l'expérience.

Nous pouvons maintenant discuter ouvertement de la possibilité que la vie existe ailleurs qu'ici puisque des présentations médiatiques élaborées ont couvert le sujet d'une présence extraterrestre possible. Bien que nombre de personnes âgées résistent encore à cette idée, la plupart des enfants l'acceptent comme étant vraie et rêvent de voyager pour prendre part à d'autres expériences planétaires. Une bonne partie de cette pensée repose sur la croyance qu'il reste peu de domaines à explorer ici et qu'on ne pourra bientôt trouver l'aventure que dans l'exploration de l'espace. La popularité de la série de longue durée Star Trek en est un bon exemple. L'information se rapportant au nombre monumental de systèmes solaires qui composent votre galaxie et à la présence de nombreuses autres galaxies observables soutient la possibilité de la présence de la vie sur d'autres planètes et réfute la supposition que seule la Terre est habitée par des êtres conscients. Encore faut-il trouver une façon de construire et de propulser un vaisseau spatial approprié qui permettra aux humains de voyager dans l'espace. Étant donné le nombre d'habitants qui drainent la force de vie de cette planète, la possibilité paraît hors de portée.

Les êtres humains se trouvent à un carrefour de niveaux d'expérience multiples. Comment vont-ils traverser cette crise ? De toute évidence, il leur faudra de l'aide. Est-ce qu'ils la demanderont dans leur entêtement arrogant ? L'accepteront-ils si elle est offerte ? Nous le verrons bien à mesure que la situation progresse. Comme nous l'avons déjà indiqué, l'aide ne peut être offerte à des gens engoncés dans la mentalité de victime. La solution repose sur une humanité qui crée sa propre solution et les victimes ne peuvent accomplir cela en raison de leur désir d'être secourues. Le sauvetage exige que quelqu'un d'autre ou quelque chose qui soit extérieure à la victime accomplisse l'exploit requis. Encore une fois, la discussion nous ramène à la même réalisation : les habitants de cette planète doivent choisir comment ils veulent expérimenter la vie manifestée. Le temps n'est plus à la survie du plus fort mais à la survie de l'individu personnellement responsable.

Une autre facette de l'expérience de la victime consiste à exercer du pouvoir sur les autres victimes et cela forme une chaîne interminable d'expériences entrecroisées qui dure depuis très, très longtemps. Il est grand temps de briser cette chaîne. Sa force tient à l'échec de ceux qui sont impliqués à choisir une autre façon d'expérimenter la vie. Sans la connaissance et la compréhension des lois universelles qui supportent une expérience de vie évolutive réussie, la chaîne reste intacte. Les êtres humains peuvent changer cette expérience dévolue, casser la chaîne et revenir à la condition de citoyens en évolution dans la galaxie/dans l'univers en choisissant la responsabilité et en appliquant les lois dans leurs expériences journalières individuelles et de groupe. Étant donné la présence des pôles, lorsque ceux qui choisissent de vivre dans le cadre des lois universelles sont attirés les uns vers les autres et se regroupent, cela repousse les autres qui choisissent autrement, et une grande division s'installe. L'application des lois crée une situation de coopération qui permet de se protéger de manière souvent très surprenante contre la peur des actions des autres groupes. La vibration augmente rapidement et des moyens de protection originaux sont créés et mis en place.

La question suivante se pose d'un point de vue d'ensemble : si l'attitude de victime est présente dans notre expérience, alors ne l'est-elle pas dans la conscience de la Source ? La réponse évidente est oui. La Source se contemple elle-même en vue d'évoluer. À ce niveau-là, le déséquilibre le plus minuscule doit être complètement compris et clarifié. Vous êtes ce processus de clarification. Quand vous traversez l'imbroglio et que vous arrivez à la responsabilité personnelle, une autre phase de ce déséquilibre est résolue. Un vignoble soigneusement taillé produit une récolte saine prolifique. Une fois l'équilibre rétabli, votre expérience sera également saine et prolifique !

Notre but n'est pas d'attaquer de plein fouet les croyances courantes, ce qui causerait de la résistance et du stress ; mais nous voulons présenter une alternative graduelle et persuasive à des vies qui ont été vécues dans la frustration et menacées par la mort. Une âme qui termine sa vie dans la douleur et la maladie démontre que ceux qui expérimentent ce cycle descendant de circonstances manifestées nient qu'il y ait une solution possible. Cette situation paraît complexe et impossible à corriger mais la solution est simple. Un changement d'attitude et l'application de simples lois compréhensibles permettront d'accéder à une nouvelle expérience. La Création ne permet pas à la souffrance d'attirer autre chose que de la souffrance. C'est un choix du libre arbitre. Par conséquent, le temps est venu d'abandonner ce qui ne fonctionne pas et n'a pas fonctionné depuis des temps immémoriaux et d'opter pour une nouvelle expérience.

Les Lois d'attraction, d'intention et de laisser-être, utilisées à dessein et en toute liberté, sont les outils qui permettront de libérer l'humanité et de lui redonner sa citoyenneté galactique ainsi que la capacité de voyager librement. L'incapacité de certains individus d'appliquer ces lois dans leur vie exigera que ces derniers soient placés dans une autre situation d'apprentissage. Il vous est offert l'occasion de recommencer à partir des bases, de les incorporer dans votre expérience et d'aller de l'avant en faisant un saut de conscience qui ne s'est jamais vu. Ce serait immensément triste si vous refusiez obstinément de profiter de l'occasion.

Chapitre 5

Lorsque le chaos atteindra son paroxysme, vous aurez des moments de découragement et vous vous demanderez si ce matériel valait quelque chose. C'est alors que chacun des membres de l'équipe au sol devra comprendre que le changement ne peut pas se produire, et ne le fera pas, si les vieilles structures restent en place. Par conséquent, c'est bien au travers de ce chaos que le nouveau paradigme d'expérience prendra forme et il ne sera pas long à se manifester. Lorsque son croquis sera soutenu dans le coeur et l'esprit des humains engagés qui souhaitent remplacer le vieux modèle de vie par une aventure nouvelle, le nouveau paradigme s'établira rapidement. Il y en aura qui baisseront les bras ; mais si au moins une personne de chaque groupe cellulaire a la force de tenir fermement à son engagement, la cellule tiendra le coup et la concentration sera maintenue.

Plusieurs d'entre vous se sont demandé comment une déclaration unique allait pouvoir se dégager de tant de scénarios possibles venant de groupes qui se rencontrent à travers le monde. Vous devez invoquer la présence du Créateur à chaque interaction de groupe. À l'intérieur de son processus d'auto contemplation, la Source connaît intimement tous ses fragments. Dans la mesure où, au point de départ du processus créatif intégral, il n'y a qu'un esprit, une focalisation, une pensée, une source, alors en invoquant cette source qui se connaît, il en résulte inévitablement une seule vérité bien focalisée. Par le biais de ce processus, vous pourrez effectivement faire l'expérience de « l'unité » dont les religions vous ont tant parlé mais dont la réalité vous a échappé jusqu'à maintenant. On vous l'a présentée comme une « illumination, un sentiment d'union avec tout ce qui existe ». Ceux qui se sont sentis unis à la nature, par exemple, n'ont pas du tout rapproché les membres de l'humanité. La Source veut que ses aspects conscients connaissent eux-mêmes cette extraordinaire réalité en en faisant l'expérience pratique. Lorsqu'une portion engagée de l'humanité pourra se rassembler autour d'un objectif unique et qu'elle communiera vraiment avec l'énergie du Créateur, alors oui, elle vivra l'union avec tout un chacun et il s'ensuivra un bond dans la conscience qui animera ce projet de manières qui dépassent l'imagination.

Tel que mentionné auparavant, il n'y a aucune raison que le Créateur ne puisse utiliser chaque situation comme tremplin pour en dégager une plus grande création. Lorsque vous contemplez le scénario dont nous venons de parler en en connaissant les effets ondulatoires, pouvez-vous imaginer l'expérience que pourrait constituer ce bond dans la conscience qui se propagerait comme une vague à travers la Création et quel effet il pourrait avoir ? Vous avez maintenant une raison de croire que c'est une occasion en or pour l'espèce humaine et qu'il ne faudrait pas la rater. Le thème de la séparation a été exploré partout dans cette galaxie ; un assemblage foisonnant d'actions négatives entre les individus, les nations et les planètes a fourni matière à réflexion suffisamment longtemps pour qu'on en tire toute la compréhension désirée. Le moment est maintenant venu de résoudre les conflits, d'en sortir et de s'ouvrir à des aventures et des occasions nouvelles.

Ce message est court mais il requiert une réflexion soigneuse et profonde. Placez cette information au coeur de votre engagement personnel à participer et utilisez-la pour renforcer votre concentration. C'est la raison pour laquelle vous avez décidé de courir le risque de faire partie de l'équipe au sol.

Chapitre 6

Nous sommes maintenant prêts à entamer le processus d'adaptation de l'esprit humain pour qu'il absorbe un concept plus élargi de l'évolution que celui qui sert de base à l'expérience actuelle et pour qu'il se place au point de départ de sa trajectoire de retour vers le Créateur. Ces expériences ont été perçues comme étant réservées aux saints et, la plupart du temps, elles ne sont ni reconnues ni même connues. Il y a longtemps, le corps physique fut génétiquement manipulé et on lui ajouta même des implants vibratoires. Ces adaptations ont laissé des effets résiduels qui ont à leur tour influencé l'aspect spirituel. Ces changements ont endommagé les connexions vibratoires qui existaient avec la Source qui a propulsé chacun dans l'expression physique. Les changements génétiques qui ont été imposés de force au corps humain étaient tels qu'ils sont carrément passés d'une génération à l'autre ; si le corps est très adaptable, par contre, il n'a pu les transcender. Même les implants qui ont causé un grand traumatisme ont laissé leur influence dans les mémoires moléculaires des cellules et elle y est restée pour des générations. L'homme moderne a été programmé à nier que l'humanité dans sa forme physique actuelle était en effet très vieille. De plus, cette forme a subi quelques changements qui ne lui conviennent pas du tout.

Sur une plus vaste échelle, la planète souffre elle aussi

de changements semblables qui l'empêchent de fonctionner correctement. Il est temps de rééquilibrer le tout. Puisqu'il est évident que ni le corps humain ni la planète ne sont capables de faire ces réparations suffisamment rapidement pour saisir l'occasion transitionnelle qui approche, l'aide est donc nécessaire. Dans nos discussions antérieures, nous avons vu que le processus de la pensée qui se manifeste dans l'expérience physique en utilisant la Loi de la création délibérée (ou intention) démontrait que cette pensée maintenue avec une intention voulue permettait la manifestation. La pensée créatrice, visualisée comme étant accomplie, stimulée au plan vibratoire par l'émotion et tenue fermement en place par l'engagement, amène la manifestation. Étant donné que les énergies vibrent à un niveau trop bas pour manifester avec aisance sur cette planète, vous avez donc besoin de beaucoup de temps pour manifester quelque chose que les sens peuvent reconnaître.

Cependant, nous vous rappelons à nouveau que vos voisins galactiques, jouissant pour la plupart d'un état d'existence vibratoire plus élevé que le vôtre, sont conscients de votre situation et qu'ils vous observent. Il est parfaitement acceptable pour les êtres humains de cette planète d'invoquer leur aide pour manifester un changement dans le corps humain pour accommoder la correction de la matrice vibratoire du corps humain et lui redonner son modèle original. Cette demande d'aide exigerait que seulement un petit nombre d'êtres humains s'enrôlent. C'est quelque chose que les membres de l'équipe au sol pourraient faire dans la mesure où ils vivent présentement comme des êtres humains de la 3e dimension.

Cela leur permettrait d'être les premiers à réaliser la transition vibratoire et d'établir un idéal : celui du retour à l'archétype tel qu'il avait été originellement créé à l'intérieur des équations galactiques. Cela devient donc la deuxième tâche majeure assignée à l'équipe au sol. C'est une déclaration simple qui s'insère dans la prière/méditation positive de chaque membre. N'oubliez pas d'y inclure également votre appréciation pleine de reconnaissance pour cet archétype qui existe déjà et qui se manifeste à la perfection pour chacun des corps humains là où ils existent présentement. Il est important ici de noter que l'archétype permet l'évolution vers une plus grande perfection d'expérience vibratoire plus élevée. De plus, ce retour à l'archétype ne causera pas de problème à ceux qui ont accompli ces changements.

D'une part, ce processus autorise l'humanité à puiser dans les énergies qui attendent une occasion de participer à la résolution de cette situation ; d'autre part, il fournit à ceux qui désirent porter assistance une plus grande occasion de participer à la transition énergétique de la spirale cyclique d'ascendance. Puisqu'ils veulent être inclus, cela leur en donne la chance. La participation est sur invitation seulement et c'est vous qui l'offrirez. Nous vous suggérons de réfléchir aux possibilités que cette situation propose.

Relisez cette information autant de fois que nécessaire pour saisir la magnitude de l'occasion offerte à tous ceux qui sont impliqués et l'importance de votre rôle. Vous pouvez vous rendre compte que chacun est un être extraordinaire, avec des engagements très spécifiques à compléter, à mesure que se déroule le plan d'ordre divin dans l'expérience personnelle et dans l'expérience de la planète dans son ensemble. L'occasion de « devenir » abonde de promesses en échange d'une intention bien centrée, d'un suivi déterminé et d'une application créative des suggestions contenues dans ces communiqués.

Chapitre 7

Alors que chacun d'entre vous commençait à s'impliquer dans ce projet et que vous entamiez le processus de composer vos pensées individuelles pour apporter votre contribution à une déclaration possible d'objectif, il devint évident que la déclaration simple se devait de plaire à chaque être humain et que cela n'était pas facile à réaliser. Au moment de mettre ces messages par écrit, vous n'y étiez pas encore arrivés. La prière pour « devenir » n'est pas encore largement connue. Cette invocation peut préparer l'ouverture de la conscience pour qu'elle arrive à capter la déclaration lorsqu'elle sera formulée et que cette déclaration apparaîtra dans la conscience collective.

Il est intéressant d'observer le changement de conscience chez ceux qui utilisent la prière avec assiduité dans leur vie journalière. Lorsque cette pratique est en outre combinée avec un nettoyage conscient des attitudes négatives accumulées et des fausses doctrines emmagasinées, elle provoque des élévations vibratoires clairement détectables que chaque individu peut observer. À mesure que les vibrations individuelles s'élèvent, la capacité de chacun de se connecter avec la Source augmente.

La connexion elle-même commence à s'animer et cela permet au corps de recevoir une plus grande quantité d'énergie de soutien. C'est comme si ce courant d'énergie vitale avait été jusqu'ici compressé ou pincé de telle sorte qu'il suffit à peine à maintenir la vie. Contrairement à ce que l'on enseigne, sans ce courant d'énergie de la Source qui a manifesté chaque être, la vie ne peut être maintenue dans le corps. Au centre de chaque conscience manifestée et à l'intérieur du corps physique, il y a un point connecteur qui reçoit ce courant d'énergie. Si ce courant d'énergie est interrompu ou retiré, la mort se produit. Plus les énergies négatives (colère, peur, haine...) présentes et actives dans le corps sont intenses, moins le corps lui-même est capable de recevoir les énergies d'un courant déjà affaibli. À mesure que les attitudes négatives sont volontairement transformées, la demande d'aide pour « devenir » réactive la connexion avec chaque répétition supplémentaire.

Vous, l'équipe au sol, êtes les guides dans l'organisation des procédures suggérées pour assister vos compagnons humains à élever leur niveau vibratoire dans un avenir rapproché. C'est vous qui démontrez la faisabilité de ces propositions et vous avez votre mot à dire sur la viabilité de ces rappels et de ces suggestions, car ce sont bien là des rappels et des suggestions que nos messages contiennent. Puisque la plupart des êtres humains sont maintenant dépassés par la complexité de leur expérience de vie au milieu d'un programme de contrôle auquel ils ne peuvent résister, il est évident que sans aide, « être » est une cause perdue et c'est d'autant plus vrai au plan du « devenir ». L'option de déplacer la population a été abandonnée il y a longtemps, vu le nombre astronomique d'habitants. La surpopulation a également été organisée à dessein ; les lois universelles se rapportant à la vie équilibrée, incluant celles qui règlent la procréation, ont été délibérément contournées et cachées. Les tendances guerrières connectées aux modes de comportement instinctuels naturels de défense et de survie ont été stimulées à l'excès. Nous pourrions allonger la liste des déséquilibres provoqués mais là n'est pas le sujet de notre exposé. Ce que nous voulons souligner, c'est que l'humanité doit faire demi-tour si elle veut pouvoir traverser cette expérience ; mais malheureusement, la grande majorité des individus sont mentalement programmés à repousser les suggestions de le faire.

Nous devons donc rejoindre ceux qui sont ouverts ou suffisamment désespérés pour s'accrocher à n'importe quelle planche de salut qui pourrait les mener vers un destin différent. Chacun de vous détermine qui ces gens peuvent être et nous comptons sur vous pour entrer en contact avec eux de manière à élargir le cercle des informés. Pendant ce temps, les naissances continuent et le programme de contrôle des individus étend lui aussi son influence et ses effets. Au cœur de cette situation, ces messages tentent d'apporter autant d'aide que possible pour vous assister et vous aider à vous souvenir de qui vous êtes et ce que vous êtes, pour vous guider dans votre adaptation personnelle et pour maximiser votre potentiel d'évolution. Tout cela est réalisé via un processus de type dictée/traduction/transcription qui a ses limites.

Derrière le processus apparemment vague mais cependant ambitieux, il y a l'élan de l'énergie du Créateur focalisé sur la situation à régler. La Source a apparemment décidé que l'auto contemplation du contrôle, de la violence, de la victime et du martyre avait atteint son point de résolution et de transcendance. Sa décision se propage maintenant aux différents niveaux vibratoires de conscience et les résidents de la 3e dimension devront saisir le message d'une façon ou d'une autre. Chacun de vous est maintenant un Rowan et vous avez le message en main. La question n'est pas « Pouvez-vous le livrer ? » mais bien « Allez-vous le livrer ? »

Chapitre 8

Si vous vous en tenez aux rapports médiatiques sur la situation qui prévaut de par le vaste monde, vous aurez l'impression que les événements menaçants ne concernent que l'avenir et que rien de bien dangereux n'est éminent à l'intérieur des « bastions de la démocratie ». Seuls des troubles ethniques dans des régions lointaines produisent des situations volatiles et violentes. L'équipe adverse exploite la situation de ces pays parce qu'il y a peu de connexions de personne à personne entre les Américains et les citoyens de ces pays-là. Pourtant, par le biais de leur assistance militaire, les É.-U. sont beaucoup plus impliqués que n'importe quel autre membre de la coalition de l'ONU. Puisque ces actes reçoivent votre approbation par défaut, l'image des É.-U. à l'étranger n'est plus celle de la patrie de la liberté et du courage, mais bien celle de la patrie du sombre esprit vengeur, de Satan. Tout cela s'est fait graduellement en s'assurant que ce changement de perception se produirait dans toutes les régions du monde, sauf aux É.-U. Ceux qui subissent l'agression et ceux qui observent les événements mondiaux assument que ce changement d'image reçoit votre approbation pleine et entière. Puisque c'est la riche Amérique qui a institué la communication telle qu'elle existe présentement, on assume donc que ses citoyens sont très bien informés et qu'ils font partie de la force qui passe en mode agressif. Les citoyens du reste du monde ne peuvent pas comprendre que la majorité des Américains ignorent que les manœuvres de leur armée sont agressives et bien loin de la « bienveillance ». De leur côté, les Américains en général n'ont pas de système de référence pour comprendre la souffrance qu'endurent ceux qui vivent dans des zones déchirées par la guerre.

Où sont les témoignages des militaires qui seraient en mesure de confirmer ces dires en rentrant au pays ? Chacun d'eux n'a vu qu'un petit segment du tableau. L'endoctrinement et le lavage de cerveau chez les militaires se font de manière beaucoup plus sophistiquée qu'auprès du public en général. Lorsqu'ils terminent leur service militaire et qu'ils ne reçoivent plus leur dose d'endoctrinement, bon nombre d'entre eux commencent à se dissocier des effets des lavages de cerveau et se retrouvent mentalement et émotionnellement instables. Une aide, autre que les drogues, pour différencier les suggestions « d'endoctrinement » des expériences réelles, n'est pas disponible auprès des agences gouvernementales et nombre d'entre eux se retrouvent incapables de fonctionner dans le monde civil. Très peu, s'il en est, possèdent les ressources financières ou sont capables de trouver une aide psychiatrique qui comprendrait la forme de leur dilemme. Il leur reste à choisir entre retourner dans l'armée ou se débrouiller comme ils peuvent. La programmation de vos enfants bien-aimés est soigneusement conçue pour les préparer aux différents rôles qu'ils joueront dans ces intrigues d'agressions armées.

Nous considérons approprié de vous présenter cette situation dans son ensemble comme si c'était une pièce de théâtre. S'il vous semble qu'il y ait des auteurs déséquilibrés qui écrivent de bizarres scénarios qu'ils tiennent à mettre en scène, vous êtes plus près de la vérité que vous ne pouvez l'imaginer ! Le ton de présentation de cette information paraît mélodramatique et la réaction immédiate du lecteur est de refuser de considérer qu'une telle illusion massive puisse être perpétrée contre tant de millions de gens. L'équipe adverse connaît bien la nature humaine ; vos réactions et vos croyances ne les surprennent pas. Rien n'a été laissé au hasard dans ce jeu bien organisé de l'illusion visant la tromperie. L'Amérique est le pays idéal pour effectuer un renversement de rôle sur une grande échelle – passant de la terre de la liberté à l'agresseur sauvage – puisque ce pays ne présente aucune animosité ethnique de longue date comme c'est le cas dans d'autres régions de la planète ; on le connaît déjà comme étant le melting-pot. Les questions de noirs/blancs/indiens sont les seules qui soient potentiellement exploitables et elles ne durent pas depuis suffisamment longtemps pour provoquer les mêmes réactions d'opposition entre les citoyens que les situations des musulmans/ juifs/chrétiens dont les tendances continuent d'escalader dans les pays européens et en Orient.

Derrière cette grande fresque, nous retrouvons la « nature très humaine » qui a été examinée et étudiée en détail. L'humanité a été poussée à dépenser ses énergies dans l'expérience et l'exploration de son environnement extérieur. C'est seulement ces dernières années que les communautés médicale et scientifique ont commencé à considérer l'étude du corps humain avec une instrumentation sophistiquée. Malheureusement, ce n'est pas par goût de la compréhension comme telle ; la recherche est très influencée par les magouilleurs obscurs, par le biais des compagnies pharmaceutiques dont l'objectif est de faire de l'argent en traitant les symptômes de la dégénérescence du corps humain. C'est un assaut complet organisé contre le corps humain qui s'allie aux conséquences naturelles de l'effet de la surpopulation. Les recherches servant à accomplir de sombres objectifs sont rarement révélées, si elles le sont ; cependant, quelques-unes des découvertes faites par certains chercheurs médicaux intègres sont publiées. La recherche génétique est très pernicieuse ; vous avez raison de questionner les motifs des manipulations maintenant possibles des structures de l'ADN.

Si la recherche tenait compte de l'éthique, elle pourrait proposer des changements qui libéreraient l'espèce humaine de modèles destructeurs de comportement et de prédispositions à des problèmes de santé et à des invalidités. Cependant, dans la situation globale actuelle, rien de tout cela ne se manifestera dans un délai suffisamment court pour assister l'humanité et la planète. Par conséquent, il semble que la création d'un nouveau paradigme d'expérience humaine soit la seule solution disponible. Quoique notre mention fréquente et répétitive des mêmes situations paraisse inutile, nous le faisons dans le but de stimuler et de renforcer votre engagement au projet. Avec le déluge continuel de désinformation, le lavage de cerveau et les super capacités du gouvernement à fouiner partout, comment se fait-il que tant de gens ne se rendent pas compte de la duperie dont ils font l'objet ou qu'ils restent enfoncés dans une telle dénégation ? Même l'opposition est étonnée de son succès ! Ils sont donc occupés à vérifier jusqu'où ils peuvent vous en passer sous le nez sans que votre conscience ne soit alertée. Et cela continue de progresser... c'est phénoménal à observer !

Il revient à l'équipe au sol d'accepter la réalité de ce qui existe, puis de voir au travers et au-delà de la situation globale, de poser la fondation du nouveau paradigme et d'aider à le mettre au monde en réalité manifestée. Les lois universelles fonctionnent et elles sont disponibles pour ceux qui les comprennent et qui ont l'intention de les utiliser à leur plein potentiel. L'utilisation intentionnelle délibérée des trois premières mènera à la quatrième – l'expérience du nouveau paradigme par un être humain équilibré.

Chapitre 9

L'honneur et la gloire de cette planète, son histoire passée et son futur rôle en tant que foyer nourricier d'une humanité en évolution sont en jeu alors que sa dégradation se poursuit sans répit. La Terre et ses habitants sont malades, en raison des mauvais traitements et des abus qu'ils subissent par ignorance et en raison d'une destruction préméditée et arrogante des ressources et de l'atmosphère qui soutiennent la vie. La conscience collective devient psychologiquement instable ; les comportements extrêmes deviennent plus évidents, non seulement en regard des incidents qu'on rapporte, mais dans l'expérience individuelle de chacun. Les exemples de comportement compulsifs et antisociaux dans toutes les structures organisées se multiplient. La structure familiale, privée du support des lois universelles comme format idéal sur lequel établir une fondation et un point de repère, ne réussit pas à fournir aux enfants l'éducation nécessaire pour leur permettre d'évoluer et de devenir des adultes matures. Plutôt que de voir chaque génération s'élever en spirale vers une connaissance, une expérience et une sagesse évolutives, l'humanité demeure engluée dans un cercle vicieux d'abus, d'ignorance et de pauvreté physique et spirituelle. Ceux qui amassent la richesse matérielle se retrouvent eux-mêmes pauvres en esprit et ils continuent de chercher à satisfaire leur vide existentiel qui tient en fait à l'ignorance d'une vie intérieure et des lois qui l'accompagnent.

Une fois que l'on reconnaît que ce sentiment nébuleux de manque est en effet très réel et qu'il peut être comblé, la recherche d'une réponse au puzzle vient naturellement. Cependant, la recherche d'un maître qui enseigne cette sagesse ne conduit nulle part ; ceux que l'on rencontre enseignent des doctrines qui perpétuent l'ignorance. Les vrais enseignements qui sont fournis dans les documents anciens restent cachés, soit parce qu'ils n'ont pas encore été découverts, soit parce qu'ils ont été trouvés et délibérément cachés pour éviter leur dissémination parmi les citoyens, soit qu'ils ont été détruits. Il y a eu peu de changements aux cours des siècles, car ceux qui s'arrogent le pouvoir de contrôler continuent de garder les gens dans l'ignorance spirituelle et la pauvreté.

Alors, le moment est maintenant arrivé pour les gens de se libérer du contrôle continuel et du dénigrement de l'humanité dans sa recherche d'une trajectoire légitime d'évolution. La pensée créatrice dans cette portion de Tout ce qui est a décrété que cela devait se terminer. Le genre humain doit se tenir debout dans la vérité de ce qu'il est et clore ce chapitre de son histoire. Quoique les humains aient vécu des milliers d'années, ils n'y sont pas arrivés. Ils demeurent coincés dans une telle folie – comme celle de se demander par exemple si cette information ne serait pas sexiste – et ils passent à côté de la vérité. De telles considérations sont sans importance ; l'homme et la femme font tous deux partie de l'humanité, peu importe leur sexe. Chacun d'eux est uni à l'énergie créatrice qui les maintient en existence dans l'énergie de l'amour, sans excuses ni jugements. De même que le Créateur aime ses créatures également, tous les êtres sont tenus dans la plus haute estime et on espère de chacun qu'il en fera de même (en toute sagesse).

L'amour du Créateur et de l'énergie créatrice n'est pas un amour romantique et superficiel comme le véhiculent vos chansons et vos téléromans, mais c'est un support absolu. S'il n'en était pas ainsi, il se retirerait à la moindre excuse et vos expériences seraient décidément plutôt courtes. Un parent qui faillit à guider un enfant et à le discipliner raisonnablement et logiquement manque d'amour véritable pour cet enfant. Très peu d'enfants parmi les millions qui vivent sur la planète en ce moment sont vraiment aimés ! Ils sont tolérés, utilisés, abusés et forcés de grandir physiquement, mais ils ne sont pas élevés dans la connaissance et la compréhension de qui ils sont, de ce qu'ils sont et de ce qu'on attend d'eux dans les domaines physiques ou spirituels de leur expérience de vie. Comment pourrait-il en être autrement ! Les parents ne peuvent pas enseigner ce qu'ils ne savent pas, c'est un fait incontestable. La plupart d'entre eux refusent maintenant de transmettre ce qu'on leur a appris car cela ne leur a pas apporté la satisfaction recherchée ; ainsi, ils poussent leurs enfants vers l'âge adulte encore moins équipés qu'ils ne l'étaient eux-mêmes.

Ce que nous venons de mentionner ne fait que cerner le problème sans offrir de solutions. Les religions du monde vous offrent leurs « sages » écrits mais ces derniers ont tous été tellement altérés qu'il ne peut s'en dégager que de la confusion supplémentaire. Il semble donc que le temps soit venu d'offrir une véritable guidance. La question se pose à savoir comment disséminer l'information. Ceux qui, dans leur désespoir, poursuivent les fausses doctrines religieuses ont des attitudes défensives radicales et fanatiques et ils ne se comportent pas autrement que lorsque les derniers grands maîtres marchaient parmi vous. Ils ne sont pas moins endoctrinés sur la valeur de leurs prêtres et de leurs pasteurs et ils les suivraient encore pour aller étouffer tout maître ou enseignements qui pourraient leur être envoyés. Comment la connaissance peut-elle alors se propager ? Si de vrais maîtres comme Jésus ou Mahomet devaient revenir parmi leurs gens pour enseigner, ils ne seraient pas mieux reçus ; leurs enseignements, les vrais, seraient méconnaissables puisqu'ils furent altérés et falsifiés presque immédiatement. Même s'il leur était permis d'enseigner, est-ce que ces « nouveaux » et différents enseignements seraient mieux reçus que la dernière fois ? Non, car la preuve a été faite ; si les gens entendirent les messages, par contre, ils furent incapables de les assimiler et de les appliquer à leur vie journalière.

Si les êtres humains, hommes et femmes, veulent réussir à transcender leur vieux réflexe, celui de se mordre la queue, de tourner sans cesse en rond dans la souffrance, comme ils le font depuis des générations, ils doivent cesser de créer des victimes et d'être des victimes. L'humanité doit saisir et comprendre que sa raison d'être est la vénération, l'éducation et le développement de la conscience de sa connexion à sa Source, la minuscule puce électronique, le segment de Création même qui est la conscience du soi ! La conscience «JE SUIS» habite chaque être humain, homme ou femme, noir, blanc, rouge, jaune ou marron, terrien ou extraterrestre. Cette conscience vient à «être» et par des expériences cycliques, elle apprend rapidement ou lentement ce qui lui est enseigné, mais elle n'apprend pas comment revenir accomplie d'où elle est partie. Non seulement est-elle complètement influencée par l'assistance parentale qu'elle reçoit au cours de ses nombreuses expériences, mais elle s'influence elle-même. Par ses attitudes et ses décisions, elle accepte ou repousse des occasions de s'harmoniser avec sa Source et d'étendre cette énergie expansive dans ses choix d'expérience.

Ce n'est pas un processus simpliste et pour lui permettre de s'accomplir, les cycles d'expérience s'étendent donc sur de longues périodes. Il est crucial de comprendre que chaque être est une extension individuelle du tout. Nous pourrions comparer cette réalité aux cellules qui composent le corps humain ; elles sont individuelles mais font tout de même partie d'un tout qui s'insère dans un plus grand tout. Et si des cellules attaquent et détruisent des organes essentiels dans ce corps, ce dernier ne peut survivre. Les êtres humains doivent comprendre qu'ils ne peuvent plus continuer de détruire leurs semblables sans détruire ce qui les maintient. Ils doivent cesser de détruire leurs semblables ainsi que la planète qui les nourrit. Répéter les mêmes modèles destructeurs sans les transcender cause la maladie, le déséquilibre et le désaccord sur leur planète mère, dans le système solaire et dans la galaxie. Le foyer créateur de cette galaxie a le choix d'aider ceux qui sont disposés à accepter cette aide et de transférer dans un lieu de détention tous ceux qui refusent délibérément de modifier leur comportement ; ceux qui coopèrent ne doivent plus être retenus par les non coopérants. C'est aussi simple que cela et l'espèce humaine doit maintenant faire son choix.

Les maîtres ne seront pas à nouveau placés dans une position où ils risqueraient d'être martyrisés pour satisfaire les besoins de ceux qui sont intoxiqués au contrôle et à l'exploitation de leurs compagnons humains. Le mouvement naîtra de la base et il se propagera parmi les gens disposés qui saisiront qui ils sont et ce qu'ils sont et qui modifieront leur état d'esprit en conséquence. Ils partageront leur compréhension avec leurs proches et ils seront leur propre maître. Les messages seront courts et simples et chacun les appliquera à sa manière ou non. Chacun prendra ses responsabilités, offrira l'information à tous ceux qui sont disposés à l'accepter et permettra à ceux qui choisissent autrement d'aller dans la direction de leur choix. C'est le moment de cultiver la conscience de soi et la responsabilité personnelle qui permettront la transcendance de cette situation désespérée vers un nouveau paradigme d'expérience ; sinon, un lieu de détention a été préparé en cas de besoin. C'est votre attitude qui détermine si c'est une occasion ou une menace.

Chapitre 10

Au centre de votre expérience se situe la conscience que vous êtes, que vous existez. Cette conscience est séparée et détachée de votre corps et de votre cerveau. Elle peut être comparée à une minuscule puce électronique dont le programme continue de s'écrire à mesure que vous expérimentez la vie par le biais de vos pensées, vos gestes, vos paroles. Votre ego observateur écrit le code et vous agissez et réagissez conformément à cette programmation. La puce est en constante reprogrammation puisque vous ajoutez, soustrayez et changez vos pensées, vos paroles, vos actions, vos attitudes et vos croyances. Pour continuer d'utiliser la terminologie du domaine de l'ordinateur, nous pouvons dire que la mémoire vive se situe dans le cerveau et que la mémoire morte (les données enregistrées) est dans les cellules du corps et dans le champ magnétique qui entoure ce dernier. Le corps lui-même peut se comparer à une pile alcaline. Si le pH est trop bas, le corps est donc trop acide et ne fonctionne pas à son meilleur.

Votre minuscule puce électronique est votre pièce connective personnelle qui vous relie à la Création avec un grand C, Tout ce qui est, la potentialité pure qui se contemple dans le miroir qu'est sa Création. Effectivement, vous êtes des dieux en stage de formation. La Source vous a fait cadeau du libre arbitre ; il vous revient de découvrir comment devenir un dieu et cette prise de conscience déclenche un mouvement : celui de tendre vers cet objectif ou celui de vous en éloigner. Le désir d'accomplir le cheminement qui vous amènerait à devenir un dieu/une déesse est programmé dans cette puce et il ne peut être ni modifié ni supprimé. Alors, peu importe jusqu'à quel point ce désir est ignoré ou combien de fois il est supplanté par une autre programmation, il est toujours là en attente d'être activé.

Dans la mesure où vous pouvez savoir que vous existez, que vous pouvez observer que vous pensez, agissez, prenez des décisions, étudiez et éprouvez avec les cinq sens et davantage, vous faites l'expérience de ce qu'on appelle la conscience de soi. C'est cette portion qui est au-delà de la fonction de votre cerveau physique. C'est votre morceau d'immortalité. Vous avez maintenant l'occasion de vous servir davantage de votre système d'exploitation en reconnaissant et en honorant cette puce, utilisant ainsi son potentiel et passant des bits aux octets, kilooctets, mégaoctets et gigaoctets. La comparaison d'un être humain à un ordinateur est plus à propos que vous ne pouvez l'imaginer. En fait, les ordinateurs sont modelés sur l'humain.

L'être humain, ignorant du fait qu'il est dieu-homme, utilise son titre de manière cavalière. Où se loge cette minuscule puce qui est soi-disant au centre de l'expérience humaine ? Quand l'être humain est disséqué, où trouve-t-on cette puce merveilleuse ? Nous répondrons par une autre question : pouvez-vous voir votre conscience d'exister ? La puce est la « force vitale », le souffle qui se glisse dans le corps à la naissance et qui le quitte à la mort. C'est le grand secret non révélé qui nous porte à nous demander si la Création le sait. C'est le mystère qui pousse la Création à se contempler elle-même et c'est pour cette raison que nous existons et que nous poursuivons la même expérience contemplative.

Chapitre 11

Dans ces messages, les références à l'espèce humaine et à l'humanité sont les mêmes, sans différence à l'égard de l'homme ou de la femme. Le masculin désigne tout autant le féminin, son égal ; les propriétés de leurs formes et de leurs fonctions sont à la fois uniques et communes.

Vous avez besoin de connaître certains faits incontestables inscrits dans l'histoire de la partie de l'humanité qui s'est incarnée sur cette planète et nous allons vous les présenter de manière concise et compréhensible.

- Il y a plusieurs planètes habitées dans ce système solaire et dans d'autres systèmes.

- Plusieurs supportent des formes de vie intelligentes et conscientes.

- Plusieurs de ces formes présentent un niveau de conscience très élevé de qui ils sont et de ce qu'ils sont dans la Création telle qu'elle existe présentement.

- Le voyage interplanétaire existe maintenant et il date d'il y a très, très longtemps.

- Cette planète a été visitée et continue de l'être.

- Ces visites effectuées par des représentants de diverses planètes ont des objectifs variés.

- Ces visiteurs ont eu une interaction à différents niveaux avec les formes de vie sur cette planète et ils en ont toujours.

- Il y a effectivement des êtres bienveillants, de conscience plus élevée, qui se sont engagés par le passé – et ils le sont encore – à aider l'humanité sur Terre non seulement à faire face aux difficultés qu'elle a maintenant devant elle et qui mettent son avenir en jeu, mais aussi à les transcender.

Dans cet ordre d'idées, nous vous présentons ci-après un résumé de plusieurs milliers d'années d'histoire de la branche de l'arbre généalogique humain que vous représentez.

Il fut un temps où l'être humain menait une existence insouciante, à la manière des enfants. De même que vos enfants sont d'abord des bébés dépendants qui progressent par étapes, en jouant à la vie dans leur propre réalité, en dépit des adultes qui vaquent à leurs affaires autour d'eux, l'homme était ce genre d'être : ouvert, naïf, espiègle et très influençable.

Comme nous l'avons expliqué auparavant, la Création s'explore en voyageant entre les pôles positif et négatif, en un mouvement de balancier qui s'éloigne et revient au point d'équilibre entre ces pôles. L'agression et la soumission peuvent faire partie des expériences vécues entre les deux pôles. Il réside dans l'âme de toutes les formes de vie conscientes d'elles-mêmes, un sens de l'équilibre entre les deux pôles. Vous l'appelez la légitime défense ou la réaction innée du « ou bien je me défends ou bien je décampe » déclenchée par un influx automatique d'adrénaline dans le corps. Il y a longtemps, un certain groupe d'êtres modifièrent leur forme pour éliminer cette fonction ; ils y arrivèrent par le procédé que vous appelez la manipulation génétique. Cela leur permit de demeurer dans l'expérience de la conscience positive, une façon définitivement très agréable de vivre. Cependant, cela les laissait vulnérables à toute forme d'agression potentielle. Plutôt que de rétablir cette fonction d'équilibre, ils optèrent pour l'utilisation d'une espèce moins évoluée qu'ils allaient transformer afin qu'elle leur serve de système de défense. Vous l'avez deviné : un groupe d'humanoïdes moins évolués !

Cependant, afin de bien s'assurer que ces derniers allaient faire leur travail, on les transforma génétiquement de manière à augmenter la production d'adrénaline pour qu'ils réagissent avec plus d'agressivité que la normale. Pour faire une longue histoire courte, cette modification physique a causé un déséquilibre qui a changé la personnalité de cette espèce altérée et a limité sa capacité à reconnaître sa connexion innée avec la Création. Ceux qui instaurèrent ce changement constatèrent alors qu'ils avaient créé des êtres instables et menaçants plutôt que les protecteurs dont ils avaient besoin. La solution à leur problème n'incluait pas la réorganisation génétique des humains modifiés afin que les générations suivantes reviennent à la normale, étant donné que cette expérience n'avait fourni aucune solution immédiate à leur supposé problème. Au lieu de cela, ils les expédièrent par vaisseaux spatiaux sur une planète peu habitée, dans un coin reculé de la galaxie, où il y avait de bonnes chances que personne ne les découvre de sitôt et où le blâme pour cette expérience manquée ne serait vraisemblablement pas placé sur eux, même si les futures générations mutées de force allaient un jour être découvertes. Pour assurer le succès de la supercherie, toute mémoire de cette expérience fut effacée et les humains modifiés qui devaient venir sur la Terre ne reçurent pas la permission d'emporter avec eux des registres de l'expérience. En d'autres mots, cette branche de l'humanité fut déportée vers ce qui pourrait s'appeler une planète prison et fut laissée à elle-même pour s'entretuer ou peut-être pour régler éventuellement son déséquilibre génétique par le mécanisme de l'adaptation. Impossible ? Rappelez-vous la colonisation de l'Amérique ou de l'Australie. Les Anglais s'emparèrent de l'occasion pour vider leurs prisons ; ils répétèrent l'histoire en espérant le même résultat.

Est-ce que cette mise en esclavage perturba le libre arbitre de ce segment de l'humanité ? Bien sûr. Alors pourquoi les manipulateurs furent-ils autorisés à agir ainsi ? La planète qui porta offense posa les gestes de son plein libre arbitre ; mais en vertu de la Loi d'attraction, elle s'attira une expérience complémentaire. La Loi d'attraction marche et on ne peut y échapper en ignorant les faits et en cachant les évidences.

Une fois que vous acceptez cette prémisse, vous commencez à comprendre la situation qui vous entoure maintenant. Cependant, il y a plus à cette histoire. Cette cargaison trans-galactique n'est pas passée inaperçue. D'autres êtres humains évolués étaient au courant de l'histoire et ils vous ont rendu visite au cours des millénaires qui suivirent. Il devint évident que le processus d'adaptation n'éliminait pas la modification génétique. Une expérience supplémentaire fut donc mise en marche. Votre Bible rapporte que des visiteurs trouvèrent les filles des hommes belles et qu'ils se marièrent avec elles. Ces visiteurs bienveillants espéraient que l'introduction de nouveaux gènes dans le bagage de l'humanité abandonnée arriverait finalement à corriger la modification génétique dans les générations subséquentes. Sinon, l'apport d'intelligence supplémentaire par le processus de l'hybridation pourrait leur permettre de corriger la modification en découvrant leur propre solution au problème. De temps en temps, une nouvelle introduction de gènes dans le bagage humain fut réalisée suivant un choix soigneux de partenaires. Il y a eu progrès. Cependant, la conséquence accablante fut de voir l'intelligence supplémentaire rehausser la tendance agressive chez beaucoup d'êtres humains ; cette tendance agressive chez ceux qui n'étaient pas affectés positivement par le nouvel apport génétique renforça leurs capacités de développer des armes incroyables. Ils utilisèrent l'intelligence additionnelle pour s'organiser de manière sophistiquée dans le but de créer une hiérarchie de pouvoir et de contrôle sur les membres de l'humanité qui, eux, avaient évolué vers une structure génétique plus équilibrée. Ces deux résultats négatifs ont cours en ce moment.

Cela soulève la question à savoir si les apports génétiques subséquents sont considérés comme une forme d'interférence dans les affaires de la planète, en violation de la loi universelle qui se rapporte au libre arbitre. Rien de tout cela ne fut fait sans être ratifié par les conseils souverains d'êtres galactiques qui focalisent l'énergie créatrice et surveillent l'équilibre de la galaxie. Si vous êtes pensée focalisée qui pense – et c'est ce que vous êtes – alors sachez qu'il existe des niveaux à la pensée focalisée qui pense, et à ces niveaux, elle pense des pensées plus élaborées que ce que vous ne pourriez jamais imaginer. Il y a des êtres bienveillants qui font partie du plan de création et dont la responsabilité est de surveiller la maintenance galactique et le processus d'expansion. Comme le développement génétique avait été approuvé pour cette planète-ci, d'autres visiteurs y sont venus chercher du matériel génétique pour améliorer le bagage génétique de leur planète. Cela fut fait avec la collaboration d'individus soigneusement sélectionnés qui avaient au préalable donné leur approbation, suivant un processus dont nous ne pouvons discuter pour le moment.

Il y a beaucoup d'information dont on vous a refusé l'accès et que vous êtes en droit de recevoir. Vous en avez été privés, bien qu'elle ait été souvent communiquée à votre monde. Les contrôleurs, ceux-là même qui sont encore en proie aux tendances renforcées par la manipulation génétique qui exige d'eux qu'ils poursuivent le contrôle pour supporter leurs tendances violentes, vous ont manipulés et ont caché l'information. Des êtres bienveillants ont marché parmi vous pour vous enseigner ; comme ils ont été attaqués et tués, ils sont plus tard revenus incognito pour continuer l'injection de nouveaux gènes chez des sujets sélectionnés, les éduquant lors de rencontres clandestines pour tenter d'éveiller en eux la conscience de qui ils sont et de ce qu'ils sont. Malheureusement, les puissants contrôleurs déforment les enseignements et les utilisent pour leur propre gain et vous êtes privés de la connaissance dont vous avez besoin pour vous sortir de ce marais de comportement violent.

La bonne nouvelle, c'est qu'il y a maintenant un nombre suffisant d'êtres humains génétiquement différents qui résident sur cette planète pour ramener le modèle de comportement des résidents à la norme désirée. Cependant, ils doivent découvrir qui ils sont et ce qu'il y a à faire. Il restait aux êtres bienveillants à définir comment ils allaient accomplir ceci. S'ils venaient en personne, ils seraient accueillis par des groupes armés et ils se feraient tuer. Les maîtres qu'ils ont envoyés ont fini de la même manière et leurs enseignements ont été modifiés pour servir les objectifs des agresseurs. Alors, comment actionner la machine pour arriver à mettre un terme à cette situation ?

La communication télépathique de mental à mental est un attribut commun aux êtres humains, mais ceux qui avaient été abandonnés sur cette planète à la suite de la modification génétique avaient perdu cette habileté. Avec l'apport génétique supplémentaire subséquent, un nombre considérable d'habitants de la planète retrouvèrent tout à fait naturellement cette capacité, quoique sous une forme rudimentaire. Les êtres bienveillants qui utilisent couramment la télépathie ont découvert qu'ils pouvaient communiquer avec plusieurs humains génétiquement améliorés faisant partie des nouvelles générations.

Cependant, le succès de cette intervention se mesurait à la capacité du receveur de comprendre ce qui lui était communiqué puisque l'information devait passer par le filtre de ses connaissances et de son vocabulaire. Il était également possible que le receveur mette volontairement sa conscience de côté (état de transe) pour que la conscience plus élevée puisse parler directement aux auditeurs ; cependant, ce processus était limité par le degré de compréhension de l'expérience humaine que les êtres bienveillants possédaient. En raison de ce manque de compréhension de part et d'autre, il était difficile pour les humains de comprendre les enseignements ou d'accepter le processus comme tel. Ce processus est connu sous le nom de canalisation. Un enseignement partiel a été fourni de cette manière, mais l'expérience n'a pas été entièrement satisfaisante. Toutefois, une meilleure façon de communiquer directement n'a pas encore été trouvée. Jusqu'ici, la seule solution pour assurer une plus grande clarté de l'information est l'amélioration de la compréhension du receveur (du canal).

Afin que l'information reçue et comprise puisse rejoindre le plus grand nombre possible d'êtres humains génétiquement corrigés, il fallait s'assurer qu'elle soit diffusée sans être déformée par les contrôleurs. Nous avons donc utilisé des moyens rapides et diverses manières de procéder reçurent notre approbation, bien que nous nous doutions que le groupe agressif l'utiliserait pour ses propres fins. Cependant, l'information a pu jusqu'à maintenant rejoindre librement les humains génétiquement normaux. Le problème actuel est de faire circuler l'information.

De plus, vous devriez prendre en considération le fait que l'information vous est offerte via l'utilisation des talents télépathiques d'êtres humains ; vous devrez donc utiliser le discernement de la logique qui accompagne un esprit ouvert, à savoir si les messages contiennent des vérités plausibles. La vérité est filtrée individuellement à travers le tamis de l'expérience de la vie et chaque personne devrait la soupeser et y réfléchir avec soin. Une information encore plus complète vous arrive par le biais de livres qui contiennent maintenant une recherche soigneuse sur l'histoire ancienne. Ces livres font la lumière sur l'époque où des êtres bienveillants venus d'autres systèmes planétaires pouvaient se promener sur votre planète en toute sécurité. Ces visites furent enregistrées dans la langue et l'art de l'époque. Puisque la photographie n'existait pas et que peu de gens comprenaient le langage écrit, on se servit de la forme récit (la tradition orale) pour conserver l'information, ce qui donna naissance à la mythologie qui, plus tard, fut déformée en toute innocence, mais aussi volontairement. Les maîtres éclairés cachèrent beaucoup d'information à dessein, afin qu'elle soit découverte plus tard. On en a retrouvé une partie il n'y a pas longtemps et elle fut détruite ou soustraite des yeux du public au plus vite. Des méthodes de décodage plus exactes des textes disponibles ont été mises au point et elles sont présentées dans des livres qui doivent être lus avec beaucoup de discernement puisque des suppositions souvent erronées contribuèrent à interpréter faussement l'information décodée.

Il est beaucoup plus difficile maintenant de dissimuler ou de mal interpréter l'information en raison des niveaux d'éducation d'une grande partie de la population et de la liberté avec laquelle l'information peut circuler entre les gens à l'heure actuelle. Il est à espérer que beaucoup chercheront à découvrir l'information et continueront à faire l'effort de l'interpréter. Ils doivent atteindre un niveau de compréhension qui leur permette de se rendre compte que cette époque-ci est importante pour ceux qui sont maintenant capables de changer le cours du destin que leurs compagnons humains agressifs leur ont réservé sur cette planète.

Chapitre 12

Nous vous répétons intentionnellement combien il est important pour l'humanité de saisir ce moment capital pour transcender le dilemme apparemment insoluble auquel elle fait face. La profusion des modes de communication et le contenu qu'ils proposent sont accablants ; c'est voulu. Le plan est conçu pour éloigner les êtres humains des activités physiques et les diriger vers une grande quantité d'activité mentale qui mène au déséquilibre. Cette promotion d'un style de vie sédentaire affaiblit le corps physique, prévient les décharges de stress et abaisse la probabilité de survie dans les jours à venir.

Pour transcender l'expérience de cette vie répétitive que d'autres vous poussent à vivre, et pour la remplacer par une vie basée sur la responsabilité personnelle, vous devez rester incarnés dans votre corps, ici même sur Terre. L'occasion de le faire se présente ici, maintenant, mais votre disponibilité à participer est basée sur votre choix personnel intérieur. Le mot intérieur est choisi par exprès, car le processus qui vous permettra de savoir qui vous êtes et ce que vous êtes passe par l'intériorisation, l'écoute de votre propre conscience et la réflexion sur des concepts différents. Vous devez réfléchir sérieusement à ces concepts, puis en venir à des décisions bien arrêtées et significatives qui seront suivies de changements pratiques.

Il vaut mieux entreprendre ces processus lorsque vous êtes seul avec vous-même, dans des moments tranquilles. Pour y arriver, vous devrez prendre des décisions par rapport à la famille et aux engagements sociaux qui paraissent laisser peu de place à la réflexion et à la solitude. Si vous décidez de participer, vos priorités de vie devront changer. La télé devra être éteinte. Le mot « non » devra peut-être être régulièrement introduit dans votre conversation. Une promenade solitaire peut vous apporter un bon moment de réflexion.

Comprenez-le bien : cette discussion met l'accent sur l'importance d'une décision personnelle. Chacun doit décider pour lui-même. Nous encourageons les discussions avec vos conjoints si cela est approprié. Il arrive souvent que les partenaires aient des vues complètement différentes dans ces domaines. Le rapport essentiel que vous avez avec la Création vous est tout à fait personnel et il ne peut être négocié que par vous seul. C'est une joie de partager avec une autre personne qui est aussi engagée que vous à fortifier ce rapport. En utilisant l'intention délibérée, ceux qui vivent sur cette planète peuvent inclure des millions et des millions d'autres personnes qui sont encore prisonnières de leurs mythes religieux. On leur a appris dès l'enfance qu'il fallait rechercher une meilleure connexion avec un « Dieu » assis sur un trône au loin, dans l'inconnu. On leur a dit qu'ils pourraient mener une vie de facilité et de luxe après la mort, lorsqu'ils auront atteint un quelconque royaume utopique mythique. Les visiteurs qui viennent de planètes spirituellement plus évoluées trouvent ces chimères très illogiques. Ce mythe chrétien trouve son équivalent de croyances illogiques dans les autres religions.

Chaque enfant devrait d'abord apprendre que le cadeau de la conscience de soi est le seul dieu qu'il soit nécessaire de connaître. Ainsi, ils feront l'expérience de leur vie à partir de ce point de connexion ; de plus, ils apprendront que la responsabilité personnelle amplifie cette connexion par le biais des expériences vécues dans une perspective positive ou négative. Si une génération d'êtres humains vivait avec cette compréhension, la religion telle qu'elle existe maintenant deviendrait un domaine sans intérêt pratique. Si cette nouvelle génération comprenait que la conscience de soi, cet étonnant cadeau, est supportée en toutes choses par les simples Lois d'attraction, d'intention délibérée et de laisser-être dans les choix du libre arbitre, et qu'elle est en outre supportée par la compréhension tirée de l'expérience qui utilise ces simples lois fondamentales, alors une nouvelle expérience l'attendrait qui n'existe pas maintenant. C'est une simplification exagérée car un tel enseignement requerrait que les enfants soient bien guidés. En comment des parents pourraient-ils leur enseigner quelque chose qu'eux-mêmes ne savent pas ? En conséquence, la simple connaissance de la vérité ne suffit pas à résoudre les problèmes qui se présentent. Chacun doit partir du point où il a découvert la vérité.

Dans la tranquillité de leur propre conscience, les individus doivent poser un regard sur la situation, réfléchir avec soin à l'ampleur de l'engagement qu'ils sont disposés à prendre et ensuite, se mettre à incorporer des changements selon leurs nouvelles compréhensions. À mesure que les dilemmes se présentent, la simple prière « Je suis un humain en devenir ; aidez-moi à devenir ! » ou « Nous sommes des humains en devenir ; aidez-nous à devenir ! » ou « Ils sont des humains en devenir ; aidez-les à devenir ! » change le climat intérieur et incorpore la difficile Loi du laisser-être dans la réalité. Le laisser-être fait disparaître le besoin de contrôler et cela change profondément la perception. Il permet de transcender le sentiment d'être responsable des autres et il reconnaît le choix personnel de les laisser à leurs propres décisions personnelles. Plutôt que de produire des sensations de séparation, ce processus de prière permet l'expérience d'une forme d'amour qui bénit les autres d'une manière qui aura de profonds effets sur leur vie. Dans les situations difficiles, un changement peut nécessiter plusieurs répétitions avant de se produire, mais il viendra.

Cette occasion permet d'expérimenter le cadeau offert à chacun sur une base continue par le centre de pensée harmonieuse de la Création qui fournit d'abord et avant tout la possibilité d'exister à chaque individu. Si ce n'était pas le cas, alors au premier geste contraire aux lois universelles, l'énergie qui maintient chacun de nous en manifestation se retirerait et nous cesserions d'exister. Chacun se verrait alors dénié l'expérience qui résulterait de ce choix et il ne pourrait pas embrasser la sagesse de comprendre que l'acte a produit un résultat et que le choix existe de répéter l'expérience ou de la transcender par la sagesse. Ce qui existe en vérité dans la Création, ce n'est pas une religion dogmatique, mais une spiritualité pratique, applicable, logique. Le mot spiritualité est connecté à esprit (spiritus : souffle), le nom donné à cette présence dans la Création qui est omniprésente, omnisciente et omnipotente. En d'autres termes, le destin d'apprendre cette vérité et l'expérience de choisir de la comprendre et de la mettre en pratique ne peuvent pas être évités, ils ne peuvent qu'être reportés à plus tard.

Quoique cette discussion soit simpliste, elle contient tout de même les éléments de base pour réussir une transformation apparemment magique dans la vie de ceux qui sont consentants à faire un tel changement. L'élixir de l'aventure a toujours été fabriqué à partir de l'abandon du connu pour voyager dans l'inconnu. Le genre humain n'a pas besoin de voyager pour trouver l'aventure. Ce sont les attitudes qui déterminent comment un individu fera l'expérience de sa vie et elles sont dictées par la pensée. Ce qui paraît ennuyeux et ordinaire pourrait être expérimenté différemment en changeant les paramètres d'expérience, une situation à la fois. Même si la situation est très urgente, étant donné les actions de ceux qui veulent asservir leurs compagnons d'existence sur une échelle globale, elle ne peut être modifiée qu'à travers les individus qui transcendent leur propre structure de croyance.

La transformation doit commencer avec la reconnaissance et la réalisation qu'une série de tromperies, de manipulations et d'abus ont été perpétrés de longue date. Mais même si c'est vrai, cela ne change rien. L'humanité est là où elle en est ; alors le blâme, la peur, la réaction excessive ou la lâcheté ne résoudront rien. La résistance ou le choix de se venger ne compteront en rien. Deux maux n'égaleront jamais un bien. Il reste au genre humain à avaler la vérité, à se tourner vers sa Source et à choisir de changer son expérience en découvrant les lois qui supportent toute la Création, en les comprenant et en les appliquant. Le dieu que vous croyez connaître sur votre planète n'existe pas. Il n'est pas mort parce qu'il n'a jamais existé. La Création existe et elle a tous les attributs de l'omnipotence (tout le pouvoir), l'omniscience (toute la science) et l'omniprésence. La seule adoration requise est celle de vivre avec le cadeau de la conscience de soi, dans le cadre des lois qui ont amené chacun à l'expérience, et avec honneur et appréciation pour le merveilleux privilège que cela représente.

Ceux qui pourraient vous enseigner à incorporer cette sagesse attendent l'invitation de l'humanité. Les maîtres, des êtres bienveillants, viendront à nouveau marcher parmi vous sur cette planète lorsque l'endroit sera sécuritaire et qu'ils y seront invités. Ils ne vous diront pas comment ils pensent que vous devriez vivre, mais ils vous enseigneront les lois de l'univers et ils vous conseilleront sur la façon de les appliquer aux paramètres du modèle de vie que vous choisissez individuellement et en tant que groupe. Vous faites maintenant face au choix entre l'esclavage et une mort pénible ou la liberté de vous harmoniser sur la façon d'entrer en interaction avec la Création.

Chapitre 13

Lorsque viendra le temps de l'imposition des phases finales qui visent à mettre fin aux libertés personnelles, il y aura de la résistance, surtout aux É.-U. car c'est le pays où les gens ont été le plus trompés, gâtés et utilisés. Si difficile qu'il soit pour les Américains de l'admettre, leur développement national fut guidé et contrôlé dès le commencement. L'ingéniosité naturelle et la créativité ont été encouragées pour ensuite les utiliser à l'avantage des contrôleurs ; ces derniers ont acheté les brevets d'inventions pour les ranger sur les tablettes. Un exemple particulièrement approprié est celui du développement constant de sources d'énergie et de moyens de transport qui mettraient fin à la dépendance sur l'huile et le charbon, ce qui éliminerait les dangers pour la santé du corps humain ainsi que de la flore et de la faune de votre planète. Ces inventions sont prêtes à être développées très rapidement dans le contexte du nouveau paradigme.

Il y a un courant naturel d'expression qui fait partie du plan créatif. C'est ce que vous pourriez appeler la programmation inaltérable dans le modèle humain ; elle reste intacte, peu importe les efforts visant à l'invalider. Une fois que l'individu a choisi son objectif, selon sa propre logique, et qu'il l'accompagne d'un engagement ferme, il peut le poursuivre et il le poursuit avec toute l'intensité possible, allant même jusqu'à mourir. Des méthodes de torture peuvent forcer et forceront la personne à nier et à prétendre qu'elle abandonne, mais habituellement il en résulte une détermination encore plus profonde à poursuivre l'objectif jusqu'à la réussite à la première occasion. Cela est également vrai pour tous les objectifs, qu'ils soient positifs ou négatifs dans leur configuration d'énergie. Il en résulte donc des situations de confrontation. L'élan positif se poursuit dans la logique ; l'expérience négative se poursuit dans l'incapacité d'appliquer la Loi du laisser-être, le contrôle devenant alors un aspect très intoxicant de ce déséquilibre. Il est important de comprendre que la perfection est la capacité de demeurer en équilibre dans la pratique des lois de l'univers qui supportent l'expression expansive de la Création. C'est un processus qui ajoute une teinte de défi dans l'expérience de participation à la Création qui s'étend sur l'éternité. Si ce n'était pas de ce défi monumental, l'éternité pourrait être bien ennuyante.

L'intelligence n'est pas confinée au cerveau/mental humain. Elle fait partie de la potentialité qui coule dans les veines de la Création et elle en est une parcelle. L'auto contemplation par n'importe quelle portion de la Création manifestée consciente d'elle-même – l'humanité par exemple – couplée d'une compréhension de base de son identité et de sa nature et reliée au courant expansif de création, peut transcender les compréhensions limitées et même les faire disparaître. Cela ouvre alors la conscience à la possibilité de nouvelles compréhensions qui changent entièrement l'expérience de cet être. De toutes manières, toutes les expériences servent au processus d'expansion des uns et des autres. Mais, puisque la Création est au départ l'expression de l'intelligence dans la poursuite de la compréhension d'elle-même, il est nécessaire de se rendre compte que toutes les croyances en arrivent à un point où elles limitent l'occasion d'évoluer. C'est donc un processus perpétuel de renouvellement ; l'élément que l'on comprenait hier est devenu aujourd'hui une limite à transcender pour embrasser une plus grande sagesse. Il y a une exception à tout ceci : les lois universelles. Elles sont immuables et elles supportent le processus dans son ensemble. Tous les changements proviennent d'une plus grande compréhension des lois et de leur utilisation ainsi que d'une sagesse acquise au travers des expériences qu'elles engendrent.

Il semblerait certainement logique que les Terriens transcendent dès maintenant la situation présente et changent les croyances qui ont façonné l'expérience qui va sûrement se manifester dans un avenir rapproché s'ils ne s'ouvrent pas les yeux. Il est plus facile de percevoir la situation actuelle et de changer tout de suite le système de croyances qui la soutient afin de transcender l'expérience, que d'attendre pour agir que cette dernière se manifeste complètement. L'expérience de la polarité négative provient du fait de ne pas connaître les lois qui soutiennent l'univers pour ensuite les comprendre et les appliquer. On vous a transportés sur cette planète, on vous y a laissés à vous-mêmes et on vous a dénié la connaissance des lois de base. Les groupes indigènes déjà installés ici les apprenaient en observant la nature. Ils avaient toute l'éternité devant eux pour apprendre et ils étaient déjà engagés sur la voie de l'évolution. Même ces êtres ont été corrompus. Malheureusement, comme on vous a enseigné que la nature devait être subjuguée plutôt que de la laisser vous enseigner, vous avez donc été privés de la connaissance que vous auriez pu acquérir en l'observant comme un exemple holographique des lois en application.

Sommes-nous en train de dire que la technologie devrait être abandonnée tout à fait et que six milliards de personnes devraient revenir à la vie indigène ? Ceci ramènerait certainement très vite la population à 500 millions de personnes, vu le manque de nourriture qui s'en suivrait. Si le fait de vivre de cette façon permettait de comprendre les lois universelles, alors ce serait une expérience valable. Cependant, vos alliés qui jouissent d'une technologie avancée et d'une grande compréhension des lois sont prêts à vous aider ; par conséquent, l'alternative indigène n'est pas nécessaire. Mais si l'humanité ne prend pas la responsabilité de changer le scénario actuellement prémédité et que la planète elle-même doive s'en occuper, alors les bouleversements seront tels que la technologie sera effectivement détruite ; avec de la « chance », les populations indigènes auront à nouveau l'occasion d'évoluer.

Les conséquences d'ignorer cette nouvelle occasion de changer le cours de l'histoire de cette branche de l'humanité qui a été virtuellement déviée de sa course il y a des milliers d'année – ce qui a eu comme conséquence d'entraver son évolution – ne sont pas plaisantes à voir venir. La première phase de ce scénario vit la Loi du laisser-être brisée et l'interférence dans l'évolution de groupes d'humains, ce qui força ces derniers à demeurer pris dans l'être plutôt que d'embrasser le devenir. Les conséquences que tout cela amène en vertu de la Loi d'attraction (vous récoltez ce que vous semez) furent ignorées et laissées à la destinée. Aucun autre groupe n'était disposé à s'interposer, excepté en tant que consultant bienveillant, la seule interférence permise dans le cadre de l'application intelligente des lois universelles. L'intervention entre espèces et planètes est permise et elle se produit. Cependant, la Loi d'attraction fonctionne et elle le fait dans le flot de l'ordre divin, le moment opportun étant laissé au courant naturel de cette loi animée de l'intelligence de la Création.

Il est possible d'utiliser la Loi du laisser-être à son maximum et d'avoir une interaction au-delà du rôle de conseiller ; mais cela se fait avec précaution et en tenant compte des effets possibles à très long terme. Cela peut se faire en particulier quand un groupe est suffisamment évolué pour demander une aide spécifique. Le cri de détresse qu'un groupe suffisamment nombreux lance vers la Création elle-même reçoit sa réponse de groupes particuliers qui sont prêts à aider. Cependant, si le groupe qui appelle à l'aide est tellement fermé qu'il se trouve incapable de reconnaître les réponses, alors rien ne peut être fait. Dans ce cas-ci, les cris de détresse ont été tellement persistants et le déséquilibre causé par les oppresseurs négatifs et animés de sombres desseins si grand que la galaxie entière est maintenant focalisée sur cette petite planète et nous avons reçu l'ordre de « trouver une façon de répondre à ces cris ». C'est ainsi que la population de la Terre se voit présenter le processus actuel et ces messages par le biais des modes de communication actuellement disponibles. Nous prions que cela soit suffisant et arrive à temps.

Chapitre 14

Les textes anciens révèlent que l'humanité entra autrefois en communication avec des êtres venus d'autres planètes de la galaxie. Il serait logique de supposer que l'évolution spirituelle va de pair avec l'évolution physique, émotive et mentale. De même que la responsabilité personnelle chez un être se développe au début par son interaction avec les autres êtres, elle continue de se développer alors que l'être avance sur le sentier de l'évolution au travers de l'expérience. Par conséquent, la conscience de soi s'implique en faisant des choix à des niveaux de plus en plus élevés de responsabilité personnelle, alors qu'elle entre en interaction avec les autres êtres dans l'entretien de l'équilibre de la Création physique, c'est-à-dire la galaxie manifestée dans son ensemble. Cela se produit en partageant les responsabilités dans un contexte de coopération. En d'autres termes, il y a un processus administratif organisé dans lequel on peut s'impliquer en tant qu'être pensant et la capacité d'expérimenter dans le cadre des lois universelles est atteinte en toute sagesse à travers l'expérience. Les êtres bienveillants qui ont visité votre planète et qui sont à l'heure actuelle stationnés à proximité sont des représentants qui se sont portés volontaires pour leur propre avancement pour faire partie de cette équipe administrative chargée de l'entretien galactique.

Pour que l'énergie de création maintienne son mouvement de croissance expansif, les consciences individuelles doivent demeurer dans le flot créateur et croître individuellement. Chacun doit d'abord reconnaître qui il et ce qu'il est ; puis, il doit choisir librement quand et comment il accomplira ses objectifs, toujours dans le cadre des lois de l'univers. Le désir d'agir ainsi est littéralement programmé en chacun et il continue de vouloir s'accomplir, peu importe combien l'expérience ou les expériences sont frustrantes et bloquées. L'humanité sur cette planète est bloquée à chaque tournant par la dénégation de cette connaissance essentielle délibérément offerte au départ, mais déformée plus tard ; de plus, on a entretenu la fausse idée que l'homme doit utiliser la nature plutôt que de coopérer avec elle et l'observer afin d'apprendre d'elle. La nature vit en harmonie avec les lois de l'univers lorsqu'elle est laissée à elle-même et en dépit de l'intervention de l'homme et de la perversion de cette intervention. La nature continue d'essayer parce qu'elle contient le même élément d'élan programmé à exister et à évoluer qu'on retrouve dans toute la Création.

Le désir ardent d'un comportement expansif est présent dans l'aspect vivant de toute la Création. Seule la conscience éveillée détient le privilège du libre arbitre. Cependant, ce privilège vient avec un piège potentiel : celui de tenter d'exploiter les consciences moins élevées de la Création. Les Terriens ont créé le luxe et la pauvreté par l'usage et l'abus des ressources naturelles de cette planète dont la beauté est unique en son genre. La distorsion et l'ignorance, qu'elles soient choisies par des êtres intelligents ou qu'elles leur soient imposées, apportent ravage et déséquilibre et ces effets ne peuvent qu'escalader. Le choix personnel d'accepter la responsabilité de changer cela porte l'espoir que cette branche de l'humanité pourra transcender cet état de chose pendant qu'il est encore temps. La décision de se détourner de cette occasion entraînera des conséquences qui y sont naturellement liées en raison de la Loi d'attraction (récolter ce que l'on sème). L'éternité, comme ce cycle cosmique s'appelle, est une période de temps bien longue pour apprendre des leçons ignorées ou refusées. Toute l'aide possible est maintenant offerte, au-delà même du processus normal. L'occasion de littéralement bondir vers avant et de rattraper les chances d'avancement perdues est à saisir par ceux et celles qui le veulent bien. Nous espérons que le plus grand nombre possible d'individus pourront entendre l'appel et y répondront.

Ce que vous appelez les agroglyphes (crop circles) vous intriguent grandement. Précédemment, nous avons mentionné l'existence de l'administration galactique responsable de l'entretien. En période de grand stress sur une planète et pour que toutes les orbites demeurent en équilibre dans un système, il n'est pas rare que l'énergie soit dirigée vers les différents systèmes de la grille qui maintiennent l'orbite, la vitesse de rotation et d'autres fonctions physiques. Vous faites de même lorsque vous réglez votre moteur d'automobile pour qu'il atteigne sa performance maximum. Cela se fait sur une base régulière. Dans le cas de la Terre qui subit actuellement un grand stress (même l'être humain le plus endormi reconnaîtra cela), ce réglage se poursuit avec une régularité croissante. Les agroglyphes imprimés dans les champs de céréales sont des codes d'énergie dynamiques envoyés vers la planète comme d'habitude ; mais ils sont rendus visibles pour tenter d'éveiller l'humanité au fait qu'il y a de l'aide extérieure pour maintenir l'équilibre.

Dans certains cas spécifiques, des groupes de personnes étaient assis aux champs en méditation et ils ont été témoins de la création d'un de ces motifs en quelques instants. Encore une fois, c'était pour passer un message et ces événements n'ont eu lieu qu'aux confins de régions spécifiques durant un moment de transmission particulier et ils ne résultaient pas des effets de la méditation du groupe. Les formes varient selon les modèles d'énergie envoyée. Il y a des régions particulièrement fortifiantes, si l'on peut dire, qui produisent des réponses planétaires spécifiques. Les formes et les endroits sont jumelés pour obtenir la réponse nécessaire. Vous n'avez pas à les décoder, mais plutôt à les accepter pour ce qu'ils sont.

La connaissance et la compréhension de la galaxie et de ses lois universelles sont disponibles. Elles l'ont toujours été. L'humanité a le droit de tout savoir. Cela s'appelle l'évolution. Cette grande occasion est disponible dans ces messages pour ceux qui veulent la saisir, en comprenant le sérieux de la situation et en reconnaissant que des mensonges et des distorsions ont été perpétrés. Vous pouvez maintenant commencer à apprendre et à appliquer quelques changements pratiques simples de perception en utilisant l'énergie vitale qui constitue votre vraie nature. Le choix est maintenant disponible.

Chapitre 15

Quand viendra le moment des grands changements, votre conscience tentera d'y voir un ordre séquentiel ; souvenez-vous que l'ordre divin n'opère pas nécessairement de cette manière. Plusieurs situations paraîtront n'avoir aucun rapport avec le but projeté qui est de contrecarrer le mouvement du plan manigancé. Revoyons encore une fois comment un ordinateur complète un graphique : un mouvement linéaire d'abord, puis d'autres mouvements en différents points, jusqu'à ce que le graphique soit complété. Vous devez aussi comprendre que le format de la Création n'est pas plat ; il est holographique et dimensionnel et ces aspects ne sont pas analogues. La Création manifestée est holographique dans sa forme et dimensionnelle dans le contexte de ses variations vibratoires. En d'autres termes – qui sont malheureusement inadéquats pour expliquer correctement – une forme holographique peut exister en différents formats vibratoires semblables mais différents, ce qui donne ce que vous appelez les dimensions.

Une fois que les habitants de ce monde auront accepté la vérité de l'existence d'autres habitants dans cette galaxie et ailleurs, le prochain grand bond de compréhension qu'ils feront reposera sur la réalisation qu'il y a à l'intérieur de leur propre galaxie encore plus de variations parce que chaque forme peut avoir des variations dimensionnelles. Une évolution plus poussée sur le plan de la connaissance et de la sagesse par l'application de la connaissance rendra possible le voyage entre les dimensions et cela, aussi facilement que de passer une porte.

Lorsque vous comprenez cela, voyager dans l'espace devient alors compréhensible et ne paraît pas du tout impossible. En outre, cela explique pourquoi les peuples des temps anciens percevaient les visiteurs de l'espace comme des « dieux » à vénérer et à craindre, ce qui donna lieu à l'adoration religieuse. Ce dieu, tel que compris à l'époque et tel que perpétué par la suite et encore de nos jours par les chefs gouvernementaux et « religieux » manipulateurs, n'existe pas. Les énergies créatrices gouvernées par les lois universelles appliquées et la potentialité qui les sous-tend, sont en effet dignes de vénération, d'honneur et de crainte, mais il n'y a aucune personnalité pour recevoir l'adoration. Cependant, il y a à l'intérieur de vous ce morceau intangible mais connaissable d'énergie créatrice : la conscience de soi, souvent appelée « le ressenti ». Elle est digne de vénération. Cette énergie est là pour être reconnue et le pouvoir de la comprendre est là pour être utilisé.

Certains êtres ont acquis une compréhension de plus en plus profonde de la Création par le biais de l'expérience en conceptualisant et en appliquant les lois qui autorisent l'usage de cette merveilleuse énergie créatrice qui mérite le respect. Les individus qui le désirent peuvent beaucoup apprendre de ces êtres plutôt que de passer des millénaires à réinventer la roue pour ainsi dire. La plus grande de toutes les erreurs est d'adorer le professeur ou le processus plutôt que de vénérer la Source et de participer à l'aventure qu'elle propose en acquérant la connaissance et la sagesse à travers l'expérience. Quand l'être humain sur cette planète aura compris cette vérité, il sera alors tout à fait libre de poursuivre son évolution à pas de géant. « Je suis un humain en devenir, aidez-moi à devenir ! » ouvre la porte du cœur humain pour que la vérité puisse s'y loger. Chacun doit tracer sa propre trajectoire à travers ses libres choix, ses attitudes, ses décisions et son acceptation de la responsabilité personnelle pour convenir d'un plan pour l'utilisation des énergies créatrices qui sont totalement disponibles.

Chacun de vous a maintenant l'occasion d'accepter ces messages ou de les ignorer pour continuer à vivre en victime des plans des faiseurs d'esclaves. Ou vous pouvez changer votre attitude et accepter la possibilité que ce matériel vous présente une vérité logique et une matière à réflexion, pour ensuite laisser l'intangible aspect créatif de la vie qui anime chacun de vous vous guider vers une décision. La Bible des chrétiens mentionne plusieurs fois que Marie, mère d'Emmanuel, réfléchissait dans le secret de son coeur. En d'autres termes, elle observait et « sentait » si ces choses qu'on lui révélait étaient vraies. Si quelque chose n'avait pas parfaitement sa place dans la zone de confort de sa compréhension à ce moment-là, au moins elle lui accordait une attention sérieuse, elle laissait le processus faire son chemin pour un moment et ensuite elle « sentait » si cela était vrai ou pas. Nous suggérons que vous suiviez son exemple et que vous laissiez mûrir la matière offerte, dans la tranquillité des moments de prière ou de méditation ou au cours d'une longue marche solitaire. Alors, vous saurez, dans le secret de votre cœur, si c'est un projet auquel vous voulez participer. Puis, vous devrez mettre votre décision « en marche » et faire ce qu'il convient de faire pour changer votre conscience, acquérir la connaissance, la vivre et croître en sagesse.

Lorsque vous aurez pris votre décision de « rentrer au bercail de la pensée évolutive », une section galactique entière chargée de vous acclamer vous apportera une joie retentissante et vous comblera de bénédictions affectueuses. Vous n'avez pas idée combien votre famille galactique désire que vous sachiez la vérité et combien elle veut célébrer votre retour.

Chapitre 16

Lorsque le pourcentage critique nécessaire pour activer la mutation de la conscience aura été atteint et que le mécanisme de changement s'enclenchera, l'effet ondulatoire vous semblera imperceptible. De même que le nombre de gens qui croient maintenant que le voyage interplanétaire existe a atteint la masse critique, il reste encore des gens qui refusent carrément d'accepter cette idée ; mais ce refus est un mécanisme de défense qui protège le reste de leurs croyances car s'ils se trompent sur la question des visites extraterrestres, ils doivent alors assumer la possibilité que quelques-unes ou toutes leurs croyances puissent être fausses. Les pouvoirs gouvernementaux et religieux ont des raisons majeures de nier avec véhémence l'évidence de ces visites. Mais le sujet leur a fourni un élément de peur et la tentation de l'utiliser comme tel les a séduits et poussés à le présenter sous forme de divertissements remplis de non-sens. Par contre, les gouvernements du monde présentèrent leurs capacités de développer le voyage interplanétaire de manière très positive, dans des cadres futuristes, et les premières tentatives de quitter la planète elle-même furent idéalisées. Les distorsions qu'ils ont voulu implanter sont absolument ridicules lorsqu'on les observe du point de vue de la réalité. La vérité a tout de même vaincu leurs meilleurs efforts et elle a causé une assez grande fissure dans l'acceptation de leur description soigneusement concoctée du genre humain et de la cosmologie de son existence.

La dénégation de l'existence de quelque chose dont un nombre suffisant de personnes peuvent parler puisqu'elles en ont fait l'expérience personnelle et le fait qu'elles peuvent utiliser les moyens de communication actuellement disponibles pour raconter leur histoire provoquent l'écroulement des fondations sur lesquelles la crédibilité du mensonge en entier avait été échafaudée. Cela fut fait non pas en choquant la population avec de grandes révélations mais en grignotant le mensonge petit à petit. Maintenant, la fissure dans la crédibilité est assez large pour qu'une vérité plus haute puisse aisément s'y loger. La vérité, c'est que le projet de domination complète fut mis en marche il y a des milliers d'années. Si incroyable que cela paraisse, en faisant des recherches exhaustives sur l'histoire ancienne connue, le plan apparaît clairement aux yeux des informés, sauf ses conclusions qui, elles, sont plutôt brumeuses.

Il n'y a pas de secrets dans la réalité manifestée. Plus nous avançons sur le sentier de l'évolution de la conscience, plus il est facile de percevoir et de comprendre les situations et les êtres. La tentation d'exploiter ceux qui sont moins évolués est très grande sur la chaîne des expériences qui voyagent entre le positif et le négatif. L'attitude de victime résume l'expérience négative. En vertu de la Loi d'attraction, elle attire vers elle des énergies qui lui ressemblent ou, en d'autres termes, elle attire des situations qui exploitent sa perception. Si vous comprenez cela, il devient bien évident que la première étape que le genre humain doit franchir pour transcender ce mode d'expérience est d'abandonner l'attitude de victime et de reprendre son pouvoir personnel.

Jusqu'à ce que la fissure dans l'éducation apparemment « étanche » du genre humain en ce qui a trait à sa place dans la cosmologie de la galaxie/de l'univers s'élargisse, nous pouvons difficilement espérer que plusieurs accepteront la vérité que le « Dieu le père » du passé et du présent soit un canular ou, en d'autres termes, qu'il n'existe pas. C'est qu'il doit tout d'abord y avoir quelque chose de démontrable, basé sur l'expérience, qui vienne remplacer les vieilles croyances et ce doit être la vérité absolue ! Dans ce processus, le premier pas consiste à se débarrasser de l'attitude de victime en reprenant son pouvoir personnel. Pour y arriver, la conscience de soi, la capacité de faire passer le moi de l'individu avant la loyauté au groupe, doit reprendre ses droits. La vérité du « moi d'abord » a été déformée en encourageant des pratiques matérialistes et sexuelles égoïstes pour vous empêcher de découvrir ce principe de base de l'expression humaine dans la vie manifestée. Quand cette prochaine fissure dans leur fondation s'élargira suffisamment, les contenus amers de leur pénible château de cartes se déverseront avec des répercussions qui soulèveront la conscience humaine en dépit de leurs efforts pour l'asservir. La Loi d'attraction étant à l'oeuvre, les oppresseurs s'attirent eux aussi des énergies/expériences qui leur ressemblent.

Les lois de l'univers travaillent en effet de façons mystérieuses pour permettre le retour à l'équilibre tout en autorisant l'expansibilité par le biais de la sagesse acquise par l'expérience des deux pôles d'expression, positif et négatif. Ni l'un ni l'autre ne sont inactifs, les deux sont à l'oeuvre simultanément, préservant ainsi l'équilibre. Le temps passé au point d'équilibre en est un de repos, de même qu'il y a un moment de repos entre chaque respiration. Au cours de chaque respiration, plusieurs fonctions du corps, positives ou négatives, sont activées, mais elles passent inaperçues car elles sont gouvernées par le système nerveux. Nous pouvons comparer ces fonctions à celles de la galaxie dont certaines opérations sont gouvernées par un système semblable à un système nerveux.

Le corps humain est une merveilleuse expression qui a la capacité d'imiter sa Source et qui peut fonctionner à plusieurs niveaux d'expérience holographique et dimensionnelle. Le cadeau d'une expérience dans un corps humain doit être grandement apprécié et honoré. Certains de vos visiteurs qui sont actuellement incarnés dans ce que vous appelleriez « l'ancien modèle » désirent ardemment acquérir les capacités du modèle amélioré. Vous avez donc de ces visiteurs occupés à réaliser ce projet mais ils ne vous veulent aucun mal. Leur méthodologie reflète bien ce dont ils manquent. Pour ceux qui portent en mémoire des moments d'interaction avec eux, il est difficile d'accepter cette explication comme étant la raison d'un tel geste. Néanmoins, ces visiteurs avaient demandé l'autorisation aux humains en question et elle leur avait été accordée à un niveau qui n'est cependant pas disponible à la conscience des volontaires. Ceux qui ont ainsi donné d'eux-mêmes sont grandement appréciés pour ce cadeau d'une plus grande expérience de vie qui en résultera. Vous avez également eu la visite d'un groupe beaucoup plus vieux qui a laissé sa marque non désirée il y a longtemps et ces êtres n'ont pas le droit de revenir. S'ils tentaient de le faire, ils risqueraient de sévères répercussions car ces visites ne sont pas approuvées par leur propre peuple.

Cela nous amène à mentionner de nouveau le groupe d'extraterrestres qui non seulement assiste les contrôleurs qui veulent vous mettre en esclavage mais qui nourrit en fait une grande colère envers cette planète. Ces êtres tentèrent de prendre le contrôle de la Terre peu de temps après que l'humanité y ait été déportée. Comme ils ne comprenaient pas le type de modification génétique dont vous aviez fait l'objet et qui faisait de vous des guerriers redoutables, vous les avez repoussés même si leurs armes étaient supérieures et qu'ils possédaient une technologie de contrôle. Ils vous ont planifié un châtiment depuis cette époque-là. Le plan de contrôle et de mise en esclavage était leur idée depuis le début. Ils vont, ils viennent, ils confèrent avec la hiérarchie des planificateurs, le tout en secret ; vous avez donc des sociétés secrètes à l'intérieur de sociétés secrètes.

L'éternité est longue ; ils ont donc mis des siècles à soigneusement élaborer leur plan et à le mettre en action. Cette présence sombre ne pouvait pas être totalement cachée ; elle se traduisit en sentiment de peur dans la conscience collective et fut personnifiée par « Satan ou le diable ». Cette peur est ensuite devenue l'instrument du pouvoir contrôlant qui l'a transformée en ancrage dans votre conscience pour vous forcer à y résister dans un mode de non réalité. Ceux qui ont été influencés à jouer le rôle de laquais dans ce plan de longue haleine reflètent la conscience de ceux qu'ils considèrent comme leurs bienfaiteurs et ces laquais, à leur tour, sont attirés par l'attitude de victime du reste de l'humanité. Ils n'ont pas deviné le contenu du plan derrière l'autre plan qu'ils sont invités à faire avancer aux dépens de leurs compagnons humains. Si l'humanité laisse le plan se réaliser au complet, il se peut que la planète ne soit plus habitable. Ces extraterrestres spécifiques ne s'en soucient pas en autant qu'ils puissent assouvir leur vengeance. En fait, ils sont plus déséquilibrés que votre monde. Les êtres humains et la planète elle-même vivent des jours graves et il y a vraiment beaucoup à faire.

Chapitre 17

Nous espérons que ces messages vous porteront à aller vérifier ce qui se passe vraiment, notre information étant plutôt brève. Des livres disponibles en librairie vous présentent tout l'historique de la farce religieuse des récentes années (les derniers millénaires). Cependant, cela ne veut pas dire que c'était le début. Dans cette branche de l'humanité, avec la modification de l'ADN/ARN, le désir intérieur programmé tendant vers l'équilibre a continué de résonner. On savait au niveau subliminal que le déséquilibre était provoqué par des forces extérieures ; il y avait donc un désir inné de voir les mêmes forces extérieures restaurer l'être humain. Il n'y avait pas de mémoire consciente ou d'annales d'aucune sorte pour révéler qui avait été à la source de ce déséquilibre ou ce qui l'avait été. Il était naturel pour les descendants de cette branche de l'humanité de désirer de chaque visiteur de l'espace ou extraterrestre avec qui ils venaient en contact qu'il effectue la correction désirée, qu'il soit bienveillant ou non.

Ce désir fut converti avec le temps en déification et en adoration, accompagnés de dogmes religieux et de rituels pour supporter et répandre la distorsion. Les tendances de ces formes « religieuses » étaient à la fois positives et négatives, chacune essayant d'influencer l'autre avec le temps ; ou pire, elles essayaient de se détruire l'une l'autre. Bien que les êtres bienveillants se soient efforcés d'enseigner la vérité et de l'expliquer à chaque fois qu'ils sont venus vivre parmi vous, leurs enseignements furent vite déformés et réassimilés par le dogme religieux qui invitait les humains à chercher de l'aide à l'extérieur d'eux-mêmes pour régler leurs problèmes et « être sauvés ». Et c'est encore ainsi que les choses se passent en ce moment, sauf pour ceux qui sont devenus conscients du mensonge et qui glanent maintenant la vérité de quelques-uns qui la connaissent ou de ces messages.

Connaître la vérité est une chose ; savoir quoi faire une fois la vérité apprise en est une autre. Les lois universelles exigent des êtres humains de ce monde qu'ils comprennent leur propre dilemme et, animés d'une intention délibérée, qu'ils laissent tomber l'attitude mentale de victime en acceptant enfin leur responsabilité personnelle à changer leur expérience. Ce premier pas ouvre la porte de réinsertion dans la famille galactique dont ils ont été séparés depuis si longtemps.

La famille se languit de votre retour et désire vous assister autant qu'il est permis de le faire. Mais les habitants de ce monde doivent faire ce premier pas tout seuls, avec un minimum d'aide pour les assister. Alors, s'ils demandent directement une assistance supplémentaire, ils pourront recevoir davantage mais ils ne seront certainement pas secourus.

À la lumière de cette explication, il est opportun de parler du problème sérieux de la surpopulation, jusqu'ici passé sous silence. Comment réglerez-vous cette situation lorsque le conflit aura pris fin ? D'abord, il y aura une période de chaos qui causera des pertes de vies, certainement pas cinq milliards et plus. Mais comme ceux qui refusent d'accepter la vérité ralentiront la manifestation du projet du nouveau paradigme, ce dernier prendra plus de temps à se manifester et donc, plus de gens trouveront la mort. Ceux qui refusent d'embrasser la nouvelle réalité, une fois qu'elle sera née, auront l'occasion de trouver leur équilibre dans d'autres contextes. En d'autres mots, ils iront vivre ailleurs ; mais cette fois, ils le feront en toute connaissance et avec les annales en main.

Ceux qui font partie du nouveau paradigme auront des choix à faire, en ce qui a trait aux lieux et aux occasions de continuer leur évolution. Les membres du personnel au sol retrouveront leur véritable identité et ils pourront retourner à leur point d'origine. L'équilibre sera retrouvé mais la Terre aura besoin d'assistance pour retrouver la santé. Ce ne sera pas une tâche aussi lourde que vous pourriez le croire puisque le savoir et les techniques adéquates seront disponibles sur demande. Ceux qui restent vont vivre des moments intéressants à prendre plaisir à manifester intégralement le nouveau paradigme.

Aucun autre détail concernant l'avenir ne sera donné jusqu'à ce que vienne le moment de la transformation. Nous devons insister sur le fait que la concentration ne doit pas aller vers la dernière phase pour le moment. Jusqu'à ce que la première étape soit complétée, la dernière étape ne peut en aucune façon se manifester. Donc, elle ne sera pas présentée. Cependant, cette brève explication était nécessaire, étant donné l'inquiétude que cause la surpopulation. Il est important de savoir ce que l'avenir réserve pour ensuite laisser le sujet de côté et placer l'accent où il faut, c'est-à-dire sur l'achèvement de la première étape : l'acceptation consciente individuelle de transcender l'attitude de victime qui a besoin d'être secourue, pour embrasser sa responsabilité personnelle en jouant un rôle décisif dans la conception et la manifestation d'un nouveau paradigme d'expérience.

Chapitre 18

Nous avons établi dans ses grandes lignes le statut de l'humanité tel qu'il a cours actuellement. Des explications supplémentaires sont disponibles pour ceux qui désirent enquêter au-delà de ce qui apparaît évident dans les présentations médiatiques lorsqu'elles sont perçues à la lumière des informations que nous vous avons fournies. Il est difficile de ne pas se rendre compte qu'une comédie de proportions majeures se joue actuellement à vos dépens. On vous présente spectacles magiques après spectacles magiques, pendant que les manipulations à l'échelle planétaire continuent de restructurer les frontières nationales, continentales et hémisphériques. Les fondations mêmes de la structure du monde telle que vous la connaissez sont dissoutes. Il est trop tard pour prévenir la réalisation du plan. Mais il peut être saboté à des points spécifiques pour frustrer les contrôleurs et en ralentir quelque peu l'exécution afin de vous accorder plus de temps pour atteindre les gens.

Le point de distribution de ce matériel est d'abord aux É.-U. mais l'humanité entière est invitée à en prendre connaissance. Le plan des contrôleurs est à la fois identique et différent dans son application en différents points de la planète. Donc, peu importe la terminologie utilisée d'un pays à l'autre, l'esclavage sur une vaste échelle est tout de même au menu. Vous aurez donc à transcender vos différences culturelles pour pouvoir devenir une véritable force unifiée. La division d'appartenance ethnique doit disparaître et l'humanité doit se considérer comme une seule et même « race », un mot qu'il vaudrait mieux abandonner car il déclenche lui aussi des émotions qui ne servent pas à la naissance du nouveau paradigme. L'unité à rechercher transcendera le besoin d'identification de la diversité. La diversité n'a pas à être cultivée car ce dont vous avez tant besoin ne peut être atteint que par la conscience individuelle. L'opportunité de faire l'expérience de la conscience de soi glorieusement manifestée dans le corps humain et d'évoluer par le biais de l'expression de l'énergie créatrice invite l'appréciation et rejette la nécessité d'établir des différences personnelles de races et d'ethnies. Cette prise de position constitue une étape naturelle dans l'évolution de la conscience.

L'appréciation du cadeau de la conscience de soi repose sur la compréhension qu'un fragment de potentialité absolue, somme et substance de Tout ce qui est, constitue le point de coagulation autour duquel tout être vivant existe. Le comprendre, c'est l'honorer et en venir à saisir que ce fragment est à la fois fragile et tenace dans son engagement à évoluer à travers cette potentialité qui lui est inhérente. Cette simple vérité, à savoir qui est l'humanité et qu'est-ce qui constitue sa nature, a été enfouie sous une avalanche d'information superflue dont on a gavé les êtres humains pour s'assurer de les distraire et de prévenir cette découverte essentielle. Le besoin des humains transplantés d'être réparés sur le plan de l'ADN les menait à adorer les visiteurs bienveillants aussi bien que les autres dont on espérait qu'ils étaient l'aide attendue ; ce comportement les a tenus dans une forme d'esclavage de leur cru. Plusieurs de ceux qui ont retrouvé l'équilibre génétique sont restés coincés dans les vieux systèmes de croyances qui n'ont pas mené aux buts désirés au cours de tous ces millénaires. Le moment est venu pour eux de s'éveiller et d'expérimenter à nouveau une véritable évolution humaine. C'est la vérité qui les libérera, qui vous libérera. Lorsque cette information aura fait son chemin et qu'elle viendra se poser dans la tranquillité du coeur, elle résonnera et sera assimilée par ceux qui sont génétiquement équilibrés.

Cela soulèvera la question suivante : tous les membres d'une même famille sont-ils automatiquement équilibrés sur le plan génétique ? Les gènes de chacun sont sélectionnés au hasard à chaque conception ; donc à ce point-ci, les gènes équilibrés flottent dans le bagage génétique de presque toutes les familles. Ceux qui sont plus susceptibles à la programmation négative paraîtront ne pas être porteurs des gènes équilibrés. Là encore, chacun a reçu le cadeau du libre arbitre. Tous ceux qui font preuve de sincérité seront acceptés, même au dernier moment. Mais il est tout à fait probable que lorsque la déclaration initiale du nouveau paradigme commencera à circuler, les mots résonneront et les porteurs de gènes équilibrés répondront à l'appel de l'éveil. Les quelques mots simples, traduits dans toutes les langues, résonneront à l'intérieur et leur réitération provoquera une réponse intérieure indéniable. Le désir ardent de toutes les générations antérieures à qui la liberté d'évoluer fut refusée est imprimé au niveau cellulaire ; il est passé dans le bagage génétique et il libère son énergie lorsqu'il est proprement activé. C'est la réponse des quelques premiers à cette énergie endiguée qui fera retentir le cri de la liberté qui engagera le merveilleux processus de naissance du nouveau paradigme. Le moment est venu, maintenant !

Les répétitions dans nos messages ont pour but de briser le barrage continu de désinformation dont les humains ont été nourris depuis des milliers d'années et qui leur arrive maintenant en crescendo alors que les contrôleurs sont presque prêts à laisser tomber la guillotine. Il est nécessaire, et nous insistons sur ce point, que vous vous réveilliez et que vous reconnaissiez la magnitude et la durée du voyage frustrant que vous, les humains de cette planète, avez dû vivre ; de plus, vous devez réaliser que vous êtes maintenant poussés vers un cul-de-sac. Cela constitue le point de départ incontournable pour un changement au niveau conscient de votre perception de la situation. Vient ensuite la réalisation que cette transformation dans la conscience est la première couche de la fondation sur laquelle va reposer le nouveau paradigme. Sans une fondation ferme sur le roc de la vérité, vous ne pouvez rien construire qui soit durable.

L'étape suivante consiste à participer soit à la conception de la déclaration de départ, soit à sa diffusion une fois qu'elle aura été conçue. Ensuite, vient la conception subséquente du squelette dans son essence, en d'autres termes, de ce que sera le nouveau paradigme et ce que vivre dans ses cadres impliquerait sans toutefois dériver dans les règles ou règlements. Rêvez le rêve avec une absolue espièglerie. La rose fut créée en jouant aux possibilités. Le lis, le singe, l'écureuil, la loutre, l'éléphant... tous furent créés dans un joyeux élan d'exploration des possibilités. Les hommes et les femmes doivent redevenir comme des enfants et imaginer des possibilités bizarres et époustouflantes jusqu'à ce que les idées parfaites commencent à se gélifier. Des groupes liés par la même intention excelleront à ce jeu. Même ceux qui sont fermés se laisseront prendre par l'esprit du jeu et c'est eux qui offriront souvent les contributions les plus étonnantes. L'hôte/l'hôtesse doit ancrer une ambiance de sécurité et de spontanéité et laisser le groupe évoluer à partir de là. La légèreté ouvre les valves de la créativité et laisse apparaître la véritable nature humaine. Nous sommes tous les enfants de la Création ; soumis uniquement aux lois de l'univers, nous sommes entièrement libres de découvrir avec plaisir qui nous sommes et ce dont nous sommes vraiment capables. Cependant, il faut bien comprendre que ces lois gouvernent la Création de manière stricte, qu'elles sont immuables et que chaque geste posé hors de leur cadre porte à conséquence un jour ou l'autre et d'une manière qui n'est pas nécessairement séquentielle. Nous appelons cela l'ordre divin.

Chapitre 19

Un désir de comprendre le déséquilibre qui résultait de la modification de leur ADN originale apparut naturellement dans la conscience des humains transplantés sur Terre ; ce désir se transforma en une obsession anormale de savoir. Les générations se suivirent l'une après l'autre et leurs recherches ne leur apportèrent aucune réponse, ni de l'intérieur, ni de l'extérieur. Au niveau de l'intuition, les gens savaient qu'il y avait un problème et que ce dernier se manifestait clairement dans leur tendance à répondre avec trop d'ardeur à toute menace, réelle ou mal interprétée. Certains se rendant compte que cette tendance laissée à elle-même, débridée, mènerait à l'annihilation, introduisirent la religion en tant que facteur inhibant. Sans le support de la mémoire ou des archives, la religion allait fournir un point d'origine historique que l'intuition allait déterminer au mieux et instituer une forme de contrôle quelconque pour prévenir l'annihilation. Avec le temps, plusieurs formes d'aide furent utilisées. La visite d'êtres venant d'autres planètes fournit la meilleure aide possible, en particulier ceux qui vinrent pour tenter d'enseigner et d'introduire des changements dans le bagage génétique comme dernier ressort dans leurs efforts d'aider cette branche de l'humanité à poursuivre son évolution.

Il nous faut clarifier deux points importants. Ces êtres sont venus en toute bienveillance et ils ne souhaitaient pas être le centre d'attention religieux. Cependant, l'introduction de nouveaux gènes donna une progéniture qui était perceptiblement plus intelligente, mais non moins violente lorsque provoquée. Cette progéniture particulièrement intelligente mais portée à la violence produisit des leaders et habituellement les figures centrales ou les prêtres des cultes religieux. À mesure qu'on ajoutait des prêtres assistants, les rôles devenaient confus et mal définis. La déification du premier de ces leaders s'est produite quelques générations plus tard et plusieurs niveaux de déification furent ensuite périodiquement instaurés. Vu l'amélioration génétique et pour maintenir cette dernière, le mâle premier-né de chaque nouvelle génération héritait donc de deux rôles principaux, celui de leader et celui de géniteur, créant ainsi des dynasties de leaders. Les autres membres de la famille se mariaient entre eux et les changements génétiques faisaient leur chemin. Comme on valorisait le leadership masculin et ses tendances agressives et guerrières, on en vint à percevoir les femmes comme des êtres de moindre importance, bonnes à mettre au monde des mâles conquérants.

Il est important que vous compreniez votre véritable cosmologie. Il y avait des groupes indigènes déjà installés sur la planète qui évoluaient tout naturellement et à leur manière à l'époque de l'arrivée du groupe plus agressif. La confusion des scientifiques de l'heure qui essaient de créer une cosmologie à partir de leur point de vue est facilement compréhensible. Ils sont incapables de considérer les effets des deux types d'êtres humains qui ont été soudainement mis en présence l'un de l'autre à un point de jonction dans l'histoire ; de plus, ils ignorent que de nouveaux gènes ont été introduits dans le bagage génétique du groupe déporté ici et ils ignorent également ce qui peut résulter du mélange de tous ces ingrédients, dans le passé et en ce moment. Cela leur nuit terriblement et leurs conclusions ne font qu'ajouter de la confusion pour une branche de l'humanité déjà frustrée. Nous vous signalons également que le mode d'évolution de la population indigène a été influencé par les contacts que ces individus ont eus et qu'ils ont maintenant avec le reste de la population. De plus, la situation de l'environnement les inclut dans la totalité planétaire. La tribu aborigène d'Australie ne se reproduit plus et elle demande à se réincarner ailleurs dans la galaxie. Si vous refusez l'aide offerte, leur demande sera honorée parce qu'ils sont innocents ; ils n'ont pas participé à la création du chaos actuel sur la planète.

Les origines de l'homme et le déroulement de son histoire sont importants si vous voulez comprendre la frustration du groupe qui fut déporté et ses tentatives extravagantes pour trouver des solutions.

Laissée à elle-même pour assumer sa modification génétique, l'humanité, dans sa confusion, a refusé l'aide bienfaisante offerte et elle s'est tournée vers l'aide corrompue. Les causes du refus et de la distorsion résident dans l'altération génétique et de ses effets qui ont touché l'aspect d'autodéfense mais plus encore. La coopération devint de la compétition, ce qui gonfla l'avidité, la convoitise et la poursuite du pouvoir sur les autres, pour ne nommer que quelques tendances. La connaissance de cette histoire vous amène à un carrefour sur le chemin de votre évolution et vous devez prendre une décision : ou vous continuez sur la même trajectoire qui vous mène nulle part, ou vous acceptez l'aide qui vous est à nouveau offerte. Pour ceux qui acceptent de s'ouvrir les yeux et de comprendre où les mènent les plans actuels, le choix semble facile.

Cependant, la programmation bien implantée de chercher le salut plutôt que d'accepter la responsabilité de faire les changements nécessaires doit être dissoute et cela exige de chacun qu'il quitte sa zone de confort établie depuis longtemps. Se sortir littéralement du marais de confusion jusqu'à avoir une vue d'ensemble demande du courage. Il en faut encore davantage pour observer les populations en difficulté dépenser leur énergie à nager à contre-courant du flot d'énergie créative parce qu'elles ignorent qui elles sont, ce qu'elles sont, parce qu'elles entretiennent de fausses idées et parce que l'information qu'elles ont reçue était erronée. Il n'est pas facile de sauter sur une pareille occasion qui, de plus, exige l'engagement dans un processus très personnel. Cela implique de se séparer des systèmes de croyances populaires pour contempler ce qui est vrai et adopter un nouveau concept de vérité personnelle.

Heureusement, un nombre surprenant d'individus y sont déjà arrivés. Ces derniers, mus par le besoin de savoir, ont inlassablement poursuivi leurs recherches car leur conscience instinctuelle leur laissait deviner qu'il y avait une histoire cachée même s'ils ne connaissaient pas la véritable histoire. Les contrôleurs la connaissent en partie mais ils l'ont cachée à la population ; les intéressés ont tout de même réussi à mettre la main sur la partie du matériel qui a transpiré. La dissimulation se poursuit actuellement en ce qui a trait à ces vérités, à la technologie qui s'approche de la magie et que les contrôleurs utilisent à leurs fins et aux plans d'esclavage des masses, ce qui exclut bien sûr les contrôleurs eux-mêmes. Pour ceux qui portent l'héritage judéo-chrétien, il leur sera difficile d'accepter que leur histoire cosmologique ait été écrite de manière à déformer la vérité en utilisant de vieux mythes et les annales écrites, plus tard délibérément détruites ou cachées. (Une recherche scientifique peu connue mais publiée s'est basée sur des écrits très anciens pour révéler que ces mythes étaient en fait l'histoire orale passée d'une génération à l'autre sur des centaines d'années.) Cette cosmologie judéo-chrétienne délibérément faussée fut compilée à l'époque où se planifiait le scénario dont nous voyons actuellement le déroulement.

Un maître génétiquement altéré naquit dans un milieu religieux et fut instruit de la vérité. Il survécut à un scénario décidé d'avance qui devait faire croire à sa mort et qui justement l'amena tout près de la mort ; puis, il s'échappa vers un autre pays. Le croyant mort, on le déifia très vite. La distorsion de ses enseignements fut presque immédiate car le plan déjà établi devait pouvoir suivre son cours sans heurt et se manifester intégralement. Ce maître génétiquement amélioré avait choisi personnellement pour mission d'enseigner la responsabilité personnelle.

Cela a soulevé l'importante question suivante : que faire pour changer le dénouement, à ce stade avancé dans la séquence d'événements qui mènent à ce terrible avenir planifié que l'humanité a peine à comprendre ? C'est ainsi qu'un petit groupe non organisé mais très éveillé, vivant sur cette planète, a expédié une deuxième volée de supplications pour obtenir de l'aide, une supplication à laquelle nous pouvions et pouvons répondre. Alors voilà où nous en sommes aujourd'hui dans l'histoire de l'humanité.

Chapitre 20

Ce n'est pas tant la logique comme les émotions qui donnent accès à l'esprit et, plus important encore, au coeur des êtres humains. La carte maîtresse dans le plan trompeur a été l'émotion de peur. La première couche de contrôle est la guidance au niveau subliminal ; puis, d'autres couches sont ajoutées pour arriver à contrôler n'importe quoi, dans n'importe quel but. La dernière force de levier, celle qui est la plus efficace, est la peur. La peur est la forme-pensée la plus créative de l'aspect négatif. L'amour est la forme la plus créative de l'expression positive. La raison pour laquelle ces deux émotions sont au sommet de l'échelle dans la pensée humaine tient au taux vibratoire émotionnel qui accompagne chacune d'elles. Le degré de capacité d'éprouver ces émotions pour un être humain dépend de la gamme d'expériences qu'il a vécues. Donc, vous pouvez comprendre la raison derrière la prolifération délibérée de films d'horreur, de guerre et de gangsters. Ces films ont été financés dans le but précis d'augmenter délibérément l'échelle d'expériences de la peur.

Pour ce qui est des films d'amour, ils dépeignent habituellement de grands sentiments de remords et de tristesse ainsi que des expériences plus subtiles de peur. Les sociétés technologiques de la planète ont peu de notion de ce qu'est l'amour véritable. Elles se nourrissent d'une diète de relations amoureuses non satisfaisantes avec expression sexuelle mal vécue ; il n'est donc pas surprenant que la vie de famille en soit arrivée à un niveau d'expérience désastreuse pour beaucoup. Chaque aspect négatif est proposé comme étant la norme. De même que chaque individu est un humain en devenir, il en va ainsi pour chaque relation et chaque famille : ce sont des entités en devenir, formées par la combinaison des énergies de deux ou de plusieurs personnes. En l'absence d'un objectif idéal sur lequel les parties s'entendent et avec un bagage trop mince de traits de caractère nécessaires pour vivre pleinement l'expérience, la seule alternative semble revêtir l'aspect d'une série de commencements et de fins.

Par contre, pour ceux qui ont vécu une expérience qui les a amenés au-delà de la mort, c'est avec regret qu'ils reviennent à leur réalité consciente car ils ont vécu une expérience irrésistible de ce qu'ils appellent l'amour. Ces expériences sont connectées aux énergies qui émanent du centre créateur qui maintient et agrandit cette galaxie. Si nous analysons ce phénomène, en autant qu'il est possible de le faire, nous observons l'action des lois universelles à leur pleine capacité : l'Attraction, l'Intention et le Laisser-être qui amènent l'harmonie de l'Équilibre (AILE). L'équilibre est amplifié du fait que les trois premières lois agissent de manière coordonnée. C'est la présence ajoutée de l'harmonie qui paraît si intensément agréable dans ces brèves expériences.

Il n'est pas difficile pour chacun d'entre vous de vous ouvrir aux situations négatives qui vous attendent à chaque tournant, dans votre recherche d'un répit à la vie stressante que vous menez. Vous n'avez qu'à fermer les yeux et vérifier comment vous vous sentez vraiment au milieu d'un film d'aventure pour vous rendre compte que vos sensations intérieures ne sont pas harmonieuses. C'est que le besoin de faire l'expérience équilibrante de l'opposé, la vibration harmonieuse de la Création qui a amené chaque entité à la vie consciente et qui continue de nourrir le tout de son énergie, ce besoin donc est submergé par la diversion exercée à dessein. Ce n'est pas que cette merveilleuse énergie ne soit pas disponible ; c'est que la conscience éveillée est trop encombrée pour trouver l'espace tranquille intérieur où la sentir. Si elle ne peut être ressentie, ne serait-ce qu'un peu, comment peut-elle être attirée, pour ensuite être manifestée dans l'expression afin de l'expérimenter encore davantage ? Pour être vraiment expérimentée, l'énergie doit couler à travers la conscience éveillée et être re-focalisée dans la naissance d'une plus grande expression. En d'autres termes, pour connaître l'amour, il faut l'attirer, le contenir et l'exprimer extérieurement à la fois par la reconnaissance de son existence et sa transmission tangible. Ainsi, l'amour est amplifié et il se répand avec l'expression créatrice. C'est ainsi que chacun vient à l'existence et qu'il crée son opportunité de devenir.

La programmation qu'on vous propose sous l'étiquette de l'amour et qui se présente sous une série d'images de baisers et d'étreintes romantiques sexuelles n'est pas l'amour qui crée et maintient en devenir les galaxies et les innombrables êtres. De même que nous considérons qu'il soit préférable de ne pas utiliser le mot dieu puisqu'il invite toutes sortes de réactions négatives en raison de ses utilisations fausses et embrouillées, de même nous avons évité d'utiliser le mot amour au cours de ces messages. Nous avons plutôt utilisé « flot d'énergies créatives », et expressions du genre. Les gens qui ont vécu une expérience qui les a amenés au-delà de la mort en reviennent avec une vraie compréhension de l'expérience que le mot amour était supposé décrire. De brefs moments d'amour passent dans vos vies. Quelquefois, c'est ce qu'une mère ressent pour son nouveau-né ; des couples qui ont partagé de longues vies ensemble atteignent ce niveau d'appréciation l'un pour l'autre ; des moments d'appréciation pour la nature… pour n'en nommer que quelques-uns. Ce sont des moments intenses à un niveau émotionnel/ vibratoire que vous appelez l'illumination ou l'extase. Ces moments sont si étranges et si peu familiers à la plupart des humains sur cette planète que les personnes d'exception qui sont capables d'atteindre ces états et de les maintenir sont élevées à la « sainteté » si leur état devient connu. À ce niveau-là, la manifestation de pensée est si naturelle que des exploits apparemment impossibles sont accomplis. Comparé à la norme sur cette planète, c'est la « super conscience ». Par contre, sur d'autres planètes, c'est l'expression normale de la vie humaine.

Dans ce message, nous tentons de vous donner un aperçu de ce dont vous êtes privés. Votre vie manifestée actuelle est un pauvre substitut de ce qui avait été projeté pour vous. L'occasion vous est offerte de profiter d'un portail de « grâce », une offre de faveur, une dispense spéciale. Accepter l'offre permettra à l'occasion de vous porter vers l'avant dans l'évolution qui aurait dû être vôtre si vous n'aviez pas perdu de temps dans cette impasse. Cette offre est présentée à tout le genre humain sur cette planète et pas seulement aux êtres humains transplantés. Les effets de l'intervention et de la dénégation du libre arbitre se répandent par mouvements ondulatoires et les résultats séquentiels ne sont pas connus. Même ce privilège spécial peut avoir des effets non anticipés malgré toutes les considérations prudentes qui ont précédé l'offre de privilège. Mais de toute manière, si les Terriens choisissent de ne pas accepter l'offre, la question des effets de l'intervention est sans intérêt pratique.

Ceux qui se sont assis pour écouter des heures et des heures d'enseignements et de sermons dans des institutions religieuses peuvent trouver que quelques-uns de ces messages sont évocateurs de ces expériences. Ce n'est pas ce que nous voulons. Ces messages ont pour but de fournir le plus d'éléments possibles à la conscience éveillée afin de guider sa pensée à travers un processus de décision menant à des conclusions logiques et à un engagement qui ne sera pas regretté. L'engagement à mettre au monde un nouveau paradigme exige du courage et de la ténacité car une période de chaos est nécessaire. Tant et aussi longtemps que ce qui nuit à votre évolution reste intact, il est impossible de créer un paradigme tout à fait nouveau. Le chaos, l'ordre, le chaos suivi par une nouvelle forme d'ordre constitue le flot de la Création. C'est la Création qui exprime ce qu'elle est car elle est consciente ; elle est la vie même.

Chapitre 21

Chaque individu qui choisit d'être impliqué dans ce projet doit en arriver à un point de décision personnelle. Vous devez comprendre qu'une fois l'engagement pris, il changera votre perspective, votre façon de vivre les situations et vos relations avec les autres. Si l'engagement est réel, vous aurez l'impression d'observer la scène avec un certain recul et une plus grande perspective. Ce sera comme si deux réalités se juxtaposaient. L'expérience journalière sera la même, mais il vous semblera qu'une dimension d'observation se sera rajoutée. Le mode « observation » vous apparaîtra comme une capacité à réunir en un casse-tête fluide les différentes expériences et connaissances passées et présentes. Vous réaliserez que la réalité telle que vous l'avez connue jusqu'à maintenant a changé. Vous observerez que les morceaux du casse-tête ne sont pas fermes et qu'ils ne s'emboîtent plus en une image fixe reconnaissable. Ils sont plutôt de nature gélatineuse et ils se déplacent et circulent en motifs constamment changeants.

Dans cette perspective, il devient possible de concevoir que certaines insertions rigides influencent le flux et provoquent la formation de structures similaires à des barrages rigides, ce qui endigue la liberté du flot naturel. Si de telles structures sont maintenues dans le flot individuel humain naturellement en constant changement, elles provoquent la fin de l'expérience parce que la force de vie, de par sa nature, doit continuellement s'exprimer en un flot libre, sinon elle est retirée. Ceci s'applique aussi dans le cadre d'un concept de groupe plus large.

S'il vous est possible de comprendre que le besoin élémentaire de s'exprimer est l'essence même de la Création, vous pouvez comprendre que le blocage de ce flot de progrès et tout plan pour le renverser causent le chaos. Vu de l'intérieur, c'est comme si plusieurs artistes créaient un flot de couleurs différentes qui s'écoulent ensemble et s'étalent sans toutefois se mélanger. À un certain endroit, elles viennent à former un lent tourbillon et elles commencent à coaguler et à s'entremêler pour former une masse sombre qui n'appartient pas à l'oeuvre. L'observateur qui a une vue d'ensemble se rend compte que cet amas coagulé ne peut arrêter le flot de couleurs qui circule autour. Ce flot va contourner l'amas et le laisser derrière. Si l'énergie coagulée peut être ramollie, elle peut encore se joindre au courant.

Ces messages ont pour objet et pour but de ramollir et de dissoudre cette énergie noire et coagulée. Si les croyances de la conscience collective de cette planète peuvent être changées et un nouveau paradigme d'expérience conçu et accepté, les énergies noires et coagulées se dissoudront et le courant expansif de la Création sera restauré.

Dans le cadre fluide de la Création, la connaissance qui se transforme en sagesse par l'expérience passe par des étapes de vérité à l'intérieur des royaumes de l'expérience vibratoire/dimensionnelle ; en d'autres termes, ce qui est vrai/utile aujourd'hui peut être faux/ inutile demain. À mesure que la connaissance se transforme en sagesse, les lignes conceptuelles de définition sont dépassées et les vieux concepts sont rendus désuets et non applicables. Lorsque les humains qu'on avait déportés ici prirent conscience que quelque chose devait être fait pour réduire leurs tendances agressives stimulées, ils conceptualisèrent la religion. Avec le retour de l'équilibre génétique, ils doivent maintenant abandonner ce concept et commencer à conceptualiser les facteurs causals qui les ont amenés à l'expérience manifestée. Ils doivent concevoir sur une plus grande échelle non seulement ce qui soutient leur âme individuelle mais aussi le plus grand ensemble de l'environnement galactique où ils vivent. Le temps est venu de reprendre votre citoyenneté au sein d'un groupe plus vaste. Tout ceci en une seule grosse bouchée qu'il faut prendre, mastiquer et digérer. Pourquoi si rapidement ? Deux raisons : premièrement, toutes les occasions antérieures de le faire ont été refusées. Deuxièmement, quelquefois un remède servi en une seule grosse pilule amère est plus efficace que tous les petits remèdes.

Chapitre 22

Lorsque la transition s'enclenchera dans chaque conscience individuelle, la renaissance sera littérale car la conscience se déploiera dans une nouvelle sphère. La première étape pour entrer dans un plus grand vécu dimensionnel est d'accepter la réalité des multiples couches de travaux qui se déroulent simultanément avec leurs multiples ordres du jour. La réalité personnelle est enveloppée dans des réalités locale, régionale, provinciale, nationale et globale qui sont chacune plus vaste et concentrée sur de plus grands ordres du jour. C'est le but des planificateurs volontairement négatifs que de regrouper et de fondre ces multiples réalités en une seule, avec un seul objectif : le leur. Le genre humain peut éviter de participer à l'expérience de l'écroulement de la réalité dimensionnelle en créant sa propre nouvelle expérience à l'intérieur du plan négatif. Il est possible de faire cela en participant à la création du nouveau paradigme. Chacun peut participer en laissant monter dans le champ conscient des couches de nouvelles réalités encore inconnues mais prêtes à être créées. Les planificateurs négatifs ne peuvent pas empêcher ce projet s'ils n'en connaissent pas la magnitude et le pouvoir d'abord, et si le désir, l'engagement et la résolution de l'amener à maturité sont présents et actifs chez un nombre nécessaire d'êtres humains. Ils ne peuvent absolument pas contrôler la capacité d'un être humain à focaliser sur la création d'une nouvelle réalité, à moins que cet humain ne permette que son processus de pensée ne soit submergé. Nous vous l'accordons, ce projet demandera engagement et détermination, mais la potentialité de le faire est présente en chacun, sauf chez les gens dont le cerveau est grandement détérioré.

Se retrouveraient dans cette catégorie, les êtres qui souffrent de la maladie d'Alzheimer (il est intéressant de noter l'honneur faite à une maladie en capitalisant son nom), ceux qui ont « frit » leur cerveau en abusant de la drogue et ceux qui sont nés avec des problèmes graves de cerveau. Notons encore une fois que les choix volontaires de styles de vie ont des répercussions qu'il faut accepter. Comment ces choix se jouent jusqu'au bout demeure inconnu des autres. Chacun doit répondre de ses choix ou en recevoir la récompense dans sa propre révision de vie. Le choix de transcender l'expérience en sagesse est toujours disponible mais ce doit être une vraie réalisation accompagnée d'un changement d'attitude et d'action. Souvenez-vous que la Loi universelle d'attraction fonctionne. La clarification et la compréhension des nuances dans ces lois sont très importantes. L'occasion de les connaître et d'en comprendre l'application pourrait être grandement facilitée si des maîtres venaient vivre parmi vous pour vous les enseigner ; ils viendront s'ils sont invités et si leur sécurité n'est pas menacée. Il y a un livre sur les lois spirituelles qui est disponible mais son étude ne doit pas perturber la concentration sur la manifestation d'un nouveau paradigme. Sans la structure d'un nouveau paradigme au travers duquel expérimenter la compréhension et l'utilisation de ces lois en réalité concrète, il serait difficile pour l'ensemble des Terriens de vivre ces vérités. Au départ, il est nécessaire de s'en tenir à la pratique.

Il est possible pour ceux qui lisent ces messages de commencer à contempler l'action des deux premières lois de l'univers dans leur expérience de vie actuelle. La Loi d'attraction : « Qui se ressemble s'assemble » correspond parfois à « Les contraires s'attirent » comme dans le cas des rapports amoureux. Cependant, en y regardant mieux et avec un certain recul, nous découvrons habituellement qu'il y avait plus de ressemblance que de différence. La capacité d'attirer volontairement l'expérience ou le manque d'expérience à manifester sur le plan matériel par le biais de la pensée créatrice et l'effort illustre la présence de la deuxième loi. La Loi du laisser-être est plus difficile à percevoir à cause du degré de contrôle exercé par chacun sur lui-même et ensuite, par la manipulation des masses qui se fait aux plans psychologique (incluant la religion) et technologique à l'aide d'outils et de méthodes de contrôle. Il est en effet difficile pour la plupart des êtres humains d'avoir réellement une attitude souveraine et de la maintenir. Il est rare de pouvoir vivre sa vie en toute liberté de choix et d'être autorisé à observer et à apprendre à partir des résultats de ces choix. Déclarer son désir de vivre ainsi fait partie intégrante du désir pour un nouveau paradigme d'expérience.

Le choix de participer à la création du nouveau paradigme ne doit pas impliquer l'engagement à l'esclavage par un autre jeu de règles et règlements qui contrôleraient encore mais de manière différente. Ce ne serait pas un nouveau paradigme. C'est ici que se trouve la difficulté de transcender ce qui existe et de conceptualiser une structure d'expérience entièrement différente. Seule une déclaration d'objectif est nécessaire. Elle doit être suivie d'un croquis svelte et concis. Le remplissage entre les lignes sera l'aventure du nouvel avenir. Un croquis très basique ne semblera pas suffisant mais si vous tentez davantage, votre rêve sera contaminé par les concepts du présent. Sûrement l'espèce humaine en a eu assez de la même vieille bouillie, servie différemment à l'occasion, mais qui a toujours causé des indigestions physiques et spirituelles.

Encore des répétitions ! Oui, elles vous gardent concentrés

à la bonne place. Premièrement, concentrez-vous sur la transition individuelle de l'attitude de victime à celle de vainqueur. C'est le vainqueur qui écrit l'histoire. Ne vous donnez surtout pas le trouble d'écrire l'histoire du passé, car elle est ce qu'elle est et vous n'aurez pas le temps de vous en soucier. Il est temps de passer à autre chose. Cette fois-ci, le vainqueur écrira l'histoire de l'avenir. Ces messages et ce projet sont des cadeaux destinés aux humains de la Terre, de la part de leurs frères et soeurs galactiques, pour les aider et s'assurer que c'est bien eux qui écrivent leur avenir et non les contrôleurs. Mais nous posons la question : Est-ce que les cadeaux seront acceptés et utilisés par un nombre suffisant d'êtres humains pour que soit modifié l'avenir déplaisant actuellement projeté pour se manifester très prochainement ? Nous attendons votre décision avec un grand amour, soucieux de votre bien-être. Toute l'aide possible est accordée sur demande en tout temps. C'est seulement lorsque vous serez capables de solliciter de l'aide à partir de la plus grande perspective de celui qui a repris le contrôle de sa propre conscience que vous obtiendrez une aide physique, non pas pour vous personnellement, mais pour la planète et ses habitants dans leur ensemble.

Chapitre 23

Des siècles d'efforts visant à contrecarrer la variation génétique subie ont semblé futiles et ne donner aucun résultat pour les êtres humains transplantés sur cette planète. Cependant, cela n'est que la perception de celui qui « observe la forêt de l'intérieur », pour ainsi dire. L'introduction d'une structure ADN/ARN humaine normale dans votre bagage génétique a permis à une correction de s'étendre par sélection aléatoire à travers les générations subséquentes. Des centaines d'années se sont écoulées au cours desquelles ce processus génétique efficace a fait son chemin de manière naturelle. Ce qui vous paraît une longue période de temps n'est que l'espace d'un clin d'œil dans le procédé de la création organisé sur une vaste échelle. Ces groupes indigènes qui ont été inclus dans le processus de mixage des gènes, par choix ou autrement, ont reçu les deux modifications génétiques, causant ainsi des changements non désirés dans leur modèle évolutif archétypal. Cela montre jusqu'où vont les conséquences quand un groupe impose sa volonté à un autre groupe.

Bien qu'un individu puisse faire un choix selon son libre arbitre, les effets de ce choix pour les générations à venir se font sentir de manières qui ne sont pas perçues au temps de la décision initiale. Le changement intentionnel de la structure génétique d'un vaste groupe est un processus lent, mais lorsque le changement commence à se manifester, il se répand à un taux exponentiel.

Il faut reconnaître que le retour à la norme génétique ne s'est pas manifesté en un prototype régulier sur toute la planète. Ce ne sont pas tous les groupes génétiquement modifiés qui ont accepté au même rythme l'introduction de nouveaux gènes. Le parti pris social et religieux a influencé le processus d'amélioration en prévenant les mariages mixtes (c'est-à-dire le mélange de races, de cultures, de groupes sociaux), passant ainsi à côté de la possibilité d'introduire le changement génétique positif. Cela a eu comme conséquence qu'un nombre considérable d'êtres sont restés enfermés dans le modèle génétique plus agressif. Plusieurs de ces individus sont très impliqués dans le plan négatif menant le genre humain à l'esclavage. Nous devons ici souligner très fortement que cela n'indique pas qu'il y a des groupes supérieurs et inférieurs. Dans le cadre de la Création, de nombreuses expériences d'évolution diverses sont permises. Si ce type de jugement avait existé, où en serait la population de votre monde dans le vaste tableau d'évolution ? Certainement pas dans une position enviable ! Tous sentiments de supériorité peuvent être mis à leur place en se questionnant sur la nécessité pour le reste de la galaxie de s'inquiéter de la situation critique de cette planète à cause de la conscience de ses habitants ! Soyez très, très prudents en étudiant ces explications particulières. Il n'y a aucune intention de jugement, seulement celle d'offrir de brèves leçons qui couvrent l'ensemble pour comprendre la situation de tous les individus sur cette planète.

Il y a certainement parmi tous les groupes ce qu'on peut appeler des gènes progressifs et des gènes régressifs. À travers le processus aléatoire de combinaisons de gènes disponibles à la conception, il est possible pour l'être le plus agressif de procréer avec le partenaire approprié un contraire génétique dans la génération subséquente. Ceci se passe depuis le début du projet. C'est ainsi que la situation a changé pour en arriver à ce point-ci où il est maintenant possible d'influencer l'avenir planétaire. Si le processus de sélection génétique avait été apparent au niveau conscient, les gènes introduits pour réduire les tendances agressives auraient vite été éliminés par le biais de la procréation, cela pour satisfaire les faiseurs de guerres et leur besoin en chair à canon. Ainsi, les humains transplantés n'auraient pu accéder à un bagage génétique autre que celui qui les rendait agressifs.

La complexité des lois universelles s'accroît à mesure qu'elles sont comprises. Passer de la compréhension des Lois d'attraction et de création délibérée (intention) à la Loi du laisser-être (patience, non-intervention) ajoute de la complexité à chaque niveau car elles sont toutes interactives. L'application de la Loi du laisser-être ouvre la porte à l'expérience du courant d'énergie créatrice. On pourrait dire que c'est « l'amour à l'œuvre ».

La patience est un aspect du laisser-être. Mais ici, il ne faut pas confondre patience avec tolérance. C'est l'émotion ressentie qui pourra au mieux définir cette nuance. Voilà une occasion d'auto contemplation particulièrement productive. La tolérance porte une charge émotive qui suggère d'endurer, de supporter quelque chose qui agace, alors que la patience s'accompagne habituellement d'une anticipation sincère, d'un amusement même, de la part de l'observateur. Il y a une différence très profondément observable et peut-être même intentionnellement transformable au beau milieu de l'action pour ainsi dire. C'est ce type de décision consciente qui transforme le savoir en sagesse par le choix conscient de dépasser une émotion au profit d'une autre en laissant tomber une attitude et une opinion. Aucun changement d'attitude ne peut s'effectuer sans d'abord laisser tomber cette impression d'agacement et d'impatience. Dans l'expérience humaine, on note que la transformation de la tolérance en patience est souvent accompagnée d'un sourire, une indication du sentiment de bien-être à laisser le flot créatif s'exprimer à travers l'expérience humaine.

Nous espérons que ceux qui répandent ces messages se souviendront d'être patients avec leurs compagnons humains car au début, ils essuieront beaucoup de refus. La zone de confort de la forte programmation est difficile à franchir. Il faut semer en grande quantité. Quoique rejetées au premier abord, les graines d'idées demeureront en attente de leur moment déclencheur qui leur permettra de prendre racine et de croître. Ces déclencheurs ne seront pas connus car ils sont uniques à chaque conscience éveillée. Les graines n'ont pas besoin d'être de grandes explications ; pour plusieurs, seules les remarques occasionnelles seront acceptables pour le moment. Si vous vous en tenez à cela, vous faites déjà un bon travail car il est très important de sentir ce qui est approprié et ce qui ne l'est pas pour que votre interlocuteur ne ferme pas sa porte avant même de l'avoir entrebâillée.

La religion chrétienne a employé le programme de conversion le plus agressif qui soit dans l'histoire de la planète. Si le maître fondateur d'une foi chrétienne si rapidement déformée avait pu compléter son enseignement pour lui donner tout son potentiel et si cet enseignement s'était répandu avec le zèle chrétien, alors vous auriez réalisé un progrès merveilleux. Néanmoins, les membres ont appliqué sans relâche les deux premières lois universelles sans les comprendre. En réfléchissant sur ce point, vous pouvez beaucoup apprendre sur le bon et le mauvais usage de ces deux lois. Quelques-unes de ces techniques pourraient être appliquées avec discernement pour faire avancer le projet du nouveau paradigme, entre autres l'aspect « ne laissez jamais tomber » de leur approche.

Chapitre 24

Nous soulignons à nouveau le fait qu'il y a parmi la population des individus qui se sont portés volontaires pour faire une pause dans leur processus d'évolution personnelle ; leur présence physique sur votre planète met également leur propre progrès en danger. Ils le font de plein gré pour aider les Terriens à faire la transition due depuis trop longtemps. Cette transition les sortira de l'isolement et les ramènera dans le flot de l'évolution ; une plus grande participation à la vie interplanétaire en compagnie de leurs frères, leurs sœurs et leurs cousins galactiques les attend. Les individus incarnés en tant que bénévoles ont pris les mêmes types de corps physiques, avec les mêmes expressions physiques génétiques qui sont le fruit du hasard et que chaque conscience éveillée assume à la naissance sur Terre. Leurs motivations à le faire sont aussi variées que les expériences qui ont servi à leur évolution personnelle. En général, on peut supposer que les bénéfices que la planète et ses habitants pourraient en tirer justifient le risque de la perte de leur progrès, advenant que l'opportunité soit rejetée. Si les habitants de la Terre choisissent de demeurer gelés dans leur mode d'expérience actuel, ces bénévoles verront leur destinée liée à celle des Terriens. Ce risque est également une grande source de motivation.

Il y a deux raisons à ces messages. La première est de réveiller les volontaires et de répondre aux appels à l'aide. La seconde est de fournir le point de focalisation pour la naissance de ce nouveau paradigme d'expérience humaine pour lequel ces êtres évolués étaient disposés à prendre un tel grand risque. Vous devez savoir qu'un tel exploit réussi ne va pas sans récompense. Ce n'est pas du tout « égoïste » de votre part, lecteurs, de réfléchir sérieusement à la question, à savoir si vous êtes ou non un « volontaire en visite ». Il est très sage de réfléchir à cette possibilité. Le savoir intérieur gouvernera l'éveil de la vérité de cette possibilité et il permettra de réfléchir au risque que vous courez à l'ignorer, en vertu de ce que cela pourrait signifier pour le projet dans son ensemble. Que cela soit vrai ou pas en ce qui vous concerne, apporter votre aide pour permettre à l'humanité de modifier son avenir et de reprendre la place qui lui est réservée dans le flot créateur d'évolution est une raison suffisante pour se porter volontaire maintenant en tant que membre de l'équipe au sol. La pensée créative n'est pas limitée à certains groupes ; elle est inhérente à toute conscience éveillée. Cela s'appelle devenir !

Les volontaires ne mettent certainement pas leur progrès acquis en péril afin de simplement reconnaître qu'il existe. Ils se portent volontaires pour aider leurs compagnons humains à dépasser le mode d'expérience actuel pour aller au-delà de ce mode. Chacun apporte ses techniques d'expériences à succès spéciales à titre de contribution à la naissance et au lancement du nouveau paradigme d'expérience. La façon logique d'aider l'humanité à concevoir un nouveau mode d'expérience est de s'insérer dans le mode de vie actuel afin de bien le comprendre. Au milieu du chaos de déséquilibre, tous les volontaires ont la capacité de se remémorer des aspects d'expériences équilibrées récentes et de donner des conseils quant à ces aspects dans la conception de l'objectif et de l'esquisse de la nouvelle expérience désirée par les habitants de la Terre. Ces premiers volontaires sont une partie de la réponse aux prières et supplications à l'aide qui ont été adressées à « Dieu ». Les nouveaux volontaires attirés par ce processus et qui s'y joignent avec un engagement égal représentent le flot de retour de l'énergie investie, reflétant l'échange qui est la qualité dynamique en vigueur dans la Création. C'est la Loi d'attraction en action. Puis, lorsque la Loi de création intentionnelle vient s'ajouter au processus d'attraction – via les deux étapes de naissance du nouveau paradigme –, l'intensité vibratoire augmente et la transformation prend place jusqu'à sa manifestation en réalité perceptible.

Il est nécessaire que tous les volontaires réfléchissent et décident d'accepter la vérité de leur identité et de leur nature pour ensuite se tourner vers leur rôle et assurer l'achèvement du segment qui leur fut assigné. La première étape est de répandre la nouvelle de l'occasion de créer un nouveau paradigme d'expérience, en gardant le concept simple, simple, simple !!! Informez gentiment et encouragez les gens à passer de l'attitude de victime à celle de vainqueur s'ils savent que la pensée a le pouvoir de changer la création manifestée. La création s'exprime dans toutes les expériences, les situations et les circonstances aussi bien que dans les choses. Chaque pensée, mot et action, exprimés par les attitudes et les croyances, structurent l'expérience de chacun.

La personne se retrouve quotidiennement placée dans des situations où elle peut offrir une perspective différente ou un mot d'encouragement qui illustre le fonctionnement de ce principe. Cela représente la semence des graines du changement dans la conscience collective. Cela peut paraître insignifiant comme technique servant à provoquer ce changement extraordinaire, mais une fois le mouvement démarré de cette manière, de personne à personne, il prendra de l'expansion à un taux exponentiel. Plusieurs sont prêts et ils attendent maintenant de répondre positivement pour faire leur part et propager le changement. Ces gens seront réceptifs parce que le mode d'expression de vie actuel ne leur semble pas correct, mais il ne leur vient pas par eux-mêmes d'exprimer ce qu'ils savent. Ils se sentent dépassés par l'immensité de leur situation et la présence de ces sentiments intérieurs discordants. Ces moments sont les occasions de vous engager sur le sentier qui vous mènera à votre nouvelle vie. Plantez des graines à chaque occasion. Faites-le et vous vous attirerez plus d'occasions de le faire. Le moment est venu de vous tenir debout dans la réalité de qui vous êtes et de ce que vous êtes et de commencer à faire l'expérience de la raison pour laquelle

vous êtes dans ce corps, sur cette planète, en ce moment. Le réveille-
matin sonne. Il est temps de vous réveiller et de commencer à vivre
dans la joie de créer un nouvel avenir.

Chapitre 25

Il paraît évident pour tout le monde que la période de chaos qui
a été prédite depuis longtemps est en train de se manifester dans la
réalité. Ces prédictions furent délibérément implantées dans quelques-
uns des enseignements religieux. Cependant, les tribus indigènes ont
enseigné des prédictions semblables qui pointaient elles aussi vers
cette époque comme étant le moment du dénouement. Il semble que
les prédictions des deux sources coïncident. La différence est que les
manipulateurs ont promulgué ces prédictions à leurs fins alors que
venant des peuples indigènes, c'était des prophéties authentiques.
Leurs prophéties contiennent des prédictions dont les dates sont
identifiables – ex. : le calendrier Maya calcule et prophétise que le
présent cycle de 26 000 ans se terminera le 21 décembre 2012 –
pendant que les prédictions d'autres sources qui ont circulé pour créer
la peur ont assuré ceux qui les entendaient qu'il n'était pas possible
de connaître le moment exact de leur manifestation. Ceci a permis
aux contrôleurs d'utiliser plusieurs ensembles de conditions comme
indications de leur manifestation possible et de manipuler de plus
en plus les croyants au fil des ans. Les Amérindiens ont prophétisé
une époque de chaos qui sera suivie de la saison de « l'homme arc-
en-ciel ». L'art indien Zuni contient des descriptions d'un homme
arc-en-ciel en anticipation de cet événement à venir. C'est l'objectif
de ces messages que d'amener cette prophétie à sa réalisation. Ce qui
a été jugé « païen » et qui l'est encore aujourd'hui contient souvent
des aspects véridiques lorsque les analogies sont comprises en toute
sagesse.

Il n'y a pas de chemin vers la vérité qui soit parfait car chacun
doit créer le sien. Cela ne veut pas dire que la sagesse qui vient de la
connaissance appliquée ne soit pas disponible dans une approche de
groupe si l'esprit est ouvert et qu'il cherche. Quand la pensée d'un
groupe se referme sur un dogme rigide, elle forme un remous plutôt
qu'un courant au cœur de la pensée créative expansive. Souvenez-
vous que, mis à part les lois universelles, ce qui paraît absolument vrai

doit souvent être transcendé à mesure que la connaissance se fond en sagesse. À ce point-là, une nouvelle connaissance applicable devient disponible pour se tourner en sagesse par la voie de l'expérience et les vieux concepts ne s'appliquent plus. La première fois que cela se produit dans une vie, ce peut être traumatisant. L'individu doit faire face à la décision de s'en tenir à ce qui l'a amené à ce point familier de compréhension et demeurer dans le remous ou laisser tomber et continuer sur le chemin de l'évolution.

Nombre d'individus qui ont sincèrement cherché dans cette vie ont souvent acquis une certaine sagesse pour ensuite s'ennuyer et entreprendre de nouvelles quêtes de savoir. Ceux qui ont grandi depuis l'enfance au sein d'une même religion qui les a maintenus dans les cadres d'un certain endoctrinement, peuvent considérer que ces messages leur apportent l'émancipation ou ils peuvent se retrouver en état de choc. Tous ceux qui prendront le temps de peser ces deux points de vue dans leur coeur en viendront à reconnaître ce qui est vrai pour eux et ils agiront en conséquence. Il est à espérer que les représentants de chacun de ces points de vue pratiqueront le laisser-être. Les volontaires devront certainement le pratiquer. Tous sont des humains en devenir. « Aidez-nous à devenir ! »

La vision de « l'homme arc-en-ciel » et l'anticipation de sa venue peuvent être interprétées de deux manières. Ceux qui procèdent d'un point de vue chrétien pourraient supposer que cela signifie le retour d'Emmanuel (Jésus). Cela pourrait aussi signifier l'avènement d'un groupe humain plus sage et plus émancipé sur Terre. Il est évident qu'un groupe plus sage doit se manifester pour arriver à concevoir et à amener le nouveau paradigme d'expérience humaine en manifestation ; donc, la prophétie paraîtrait assez claire. Toutefois, les deux versions pourraient être vraies. Mais si Emmanuel devait revenir séjourner en toute sécurité parmi ses frères et sœurs de la race humaine, cela demanderait une ouverture d'esprit et beaucoup moins de tendances agressives de la part de ses hôtes. Les distorsions de ses enseignements rendraient impossible pour ceux qui sont endoctrinés dans les croyances actuelles de le reconnaître et de l'accepter pour qui il est et ce qu'il est, en raison de leurs compréhensions actuelles et de leurs attentes.

L'image de l'être arc-en-ciel, homme ou femme, est une visualisation facile à garder à l'esprit pour décrire l'expérience personnelle anticipée dans le cadre d'un nouveau paradigme. Il est important d'adopter une symbolique significative afin que le nouveau paradigme devienne tangible dans l'esprit de ceux qui désirent que ce processus de transcendance devienne une réalité. Ce symbole pourrait représenter le passage de l'attitude de victime à celle de vainqueur par un changement d'attitude et un ajustement de pensée ; il pourrait être également un point de repos au milieu de la confusion créée par le changement.

Cette transition dans la manière d'expérimenter l'existence ne se produira pas sans provoquer un certain chaos interne dans l'expérience personnelle. Cela vous préparera en vue de ce qui se manifestera sur une plus vaste échelle alors que le nouveau concept prendra racine et grandira dans la conscience des masses. Pour le genre humain, c'est un renversement de direction. C'est comme si vous descendiez un long escalier en compagnie d'un important groupe de personnes ; puis à mi-chemin, vous changez d'avis et décidez de remonter en passant au travers de cette foule. Lorsque suffisamment de gens changeront également d'avis et qu'ils commenceront à rebrousser chemin, ce ne sera pas aussi difficile. Néanmoins, le personnel au sol – le premier groupe à faire demi-tour – aura besoin d'être très résolu pour accomplir cet exploit. Cette comparaison graphique vous permet de comprendre que le fait de se porter volontaire pour cette mission requiert un engagement très sérieux pour planifier, organiser et s'assurer que le peuple arc-en-ciel arrive au pique-nique.

Quand vous écoutez les présentations médiatiques, vous entendez sans arrêt parler de lutte contre la pauvreté, lutte contre la drogue, lutte contre la maladie, lutte contre... ; ce thème revient sans arrêt pour décrire des maux ou des manifestations négatives et la résistance qu'on leur oppose. Il est étonnant de constater que les citoyens n'ont pas réalisé que les positions de résistance n'ont encore produit aucun résultat positif. Mais elles fournissent certainement une bonne raison de vous tirer l'argent des poches directement et par l'entremise de votre trésorerie nationale. Parmi vos proverbes, plusieurs sont des truismes, comme celui-ci : « Ce à quoi on résiste persiste. » Nous encourageons les volontaires à observer ce truisme à l'œuvre dans leur vie personnelle et dans l'expérience nationale, en préparation d'une transition de conscience.

Chapitre 26

Des trois lois universelles actives ou dynamiques, la Loi du laisser-être est la plus difficile à accepter comme étant nécessaire et à pratiquer. Il est essentiel de comprendre la Loi d'attraction pour appliquer la Loi du laisser-être. Le composite des pensées, des opinions et des attitudes de chaque individu génère les modèles d'expérience de vie. L'interaction au quotidien assure que le modèle ou la matrice demeure dynamique et fluide. Quand les attitudes et les opinions sont délibérément programmées par un ensemble limité de directives rigides, le niveau d'activité du modèle d'expérience entier commence à ralentir. Ici, le mot délibérément est l'élément clé. Cela veut dire que les directives sont imposées, non pas par l'individu lui-même, de par sa connaissance transformée en sagesse, mais par ceux qu'il considère comme des autorités extérieures et qui forcent des croyances sur lui. Chaque individu attire vers lui des expériences de vie qui résonnent en harmonie avec son modèle. S'il désire une chose ou une expérience qui ne résonne pas avec son modèle, il lui est difficile, sinon impossible, de se l'attirer. Deux modèles divergents ne peuvent pas se mélanger de manière cohésive.

Par exemple, la plupart d'entre vous qui faites partie de la norme sociale moderne connaissez au moins une personne qui s'est retrouvée dans le rôle de l'abuseur/l'abusé dans toutes les relations amoureuses qu'elle a entretenues. Le rôle de victime attire l'abuseur, physique ou verbal, peu importe le nombre de nouveaux partenaires qui entrent en scène. C'est particulièrement vrai si les relations amoureuses se succèdent rapidement l'une après l'autre. Le programme est tenu en place par les pensées, les attitudes et les opinions qui sont à la base de la conscience de soi. La victime désire être secourue. Quelqu'un ou quelque événement doivent venir changer sa vie. Cependant, si la personne prend le temps de réfléchir et de méditer sur les éléments de la situation et qu'elle change d'attitude et d'opinion (le savoir transformé en sagesse), son programme ou schéma d'expérience peut changer.

La tragédie des enseignements religieux, qui promulguent l'existence d'une source primaire extérieure en tant que sauveur ou libérateur personnifié, est que non seulement elle inculque une conscience de victime, mais elle la nourrit également. Une divinité personnifiée prise en victime et accrochée à une croix pour lui constituer un statut de vénération, attire vers ses croyants ce qu'ils vénèrent, l'expérience de la victime. Si la pauvreté est vénérée, la pauvreté est attirée. Si le travail dur est vénéré, la vie sera remplie de dur labeur. Si l'acte de tuer est vénéré, la mort est attirée. Peu importe sur quoi se focalise la pensée, l'attitude ou l'opinion, cela influencera la matrice générale et dominera l'attraction des expériences.

Un enfant naît dans la situation familiale ou son absence en toute innocence, à l'exception du codage génétique hérité. Il est totalement influencé dans son expérience par les pensées, attitudes et opinions mêmes de ses parents jusqu'à ce qu'il soit d'âge à commencer à attirer quelques-unes de ses propres expériences. Finalement, il mature jusqu'à posséder son propre champ d'attraction, mais le modèle de sa matrice est déjà présent. L'individu en croissance est directement influencé par sa famille, selon son degré d'acceptation des pensées, attitudes et opinions familiales. Les attributs physiques contribuent également aux attitudes qui se développent pendant le processus de maturation. Les parents, les professeurs, les amis... tous contribuent et ajoutent des couches d'influence. Les pensées, les attitudes et les opinions des groupes ajoutent à la matrice individuelle. Il y a également les influences ethniques, de voisinage, de ville, de région, d'état, de nation, etc. Ensuite, la programmation consciente et subconsciente venue par la radio, la télé, le cinéma, les journaux, les magazines et l'information en ligne. Chacun de ces patterns composites est reçu et filtré par la pensée, l'opinion et l'attitude pour créer la matrice à résonance individuelle.

L'expérience de vie d'une très grande portion des habitants de la planète étant devenue passablement plus complexe, les lignes de la matrice ont perdu de leur définition. La confusion qui en résulte et le sentiment d'être dépassé se sont intensifiés, reflétant ainsi ce manque de définition de la matrice. Cela ressemble à un repli sur soi alors que chacun tente de demeurer centré à l'intérieur, dans l'imprécision de son modèle mal défini. Le sentiment d'être dépassé et de manquer de définition personnelle qui en ressort permet aux planificateurs d'actions néfastes d'accélérer leur programme de mise en esclavage, littéralement sous les yeux des victimes et sans qu'elles le remarquent. Ceux qui se réveillent et qui sont déjà éveillés sont éberlués du fait que la situation en soit arrivée à ce degré ridicule.

Ce survol de l'expérience humaine individuelle et collective sur Terre devrait aider à comprendre que la solution à la détérioration de l'expérience humaine serait logiquement d'abandonner la forme présente et de remplacer la complexité par la simplicité. Comment cela peut-il se faire ? Référez-vous au Manuel pour le nouveau paradigme pour connaître les instructions. « Si vous avez tout essayé et que rien n'a marché, lisez donc les instructions. » Un autre truisme bien à propos !

Chapitre 27

Les lois universelles, quoique simples en apparence, contiennent plusieurs nuances qui paraissent paradoxales. On définit ainsi le paradoxe : se dit d'une proposition qui est à la fois vraie et fausse. Par exemple, la Loi du laisser-être n'est pas une loi à moins qu'elle ne soit soutenue par les Lois d'attraction et de création intentionnelle. C'est donc une loi paradoxale. C'est une loi, mais ce n'en est pas une. Dans la mesure où la fondation de la création est une pensée conceptuelle, les lois sont des concepts devant être interprétés ou appliqués à l'intérieur de leurs paramètres respectifs et combinés. Autrement dit, si vous comprenez chacune d'elles individuellement, vous devez aussi comprendre qu'elles agissent toutes en coopération et il en résulte l'harmonie et l'équilibre. L'interaction des trois premières lois est un pré requis à l'existence de la 4e loi. La conscience personnelle et la conscience collective agissent en tant que bureau central pour ces composants fondamentaux de la création. Sans de fermes directives pour l'expression, la création s'exprimerait comme un incompréhensible chaos. Tenter de comprendre les lois sous-jacentes de la Création dans leur flot interactif continu alors qu'elles esquissent la Création ressemble à la devinette de la poule et de l'œuf, à savoir lequel est venu en premier. LA CRÉATION EXISTE SIMPLEMENT ! Elle est là pour être comprise et pour qu'on se joigne à son point de réalisation dans un esprit coopératif, au meilleur des capacités de chacun de le faire. Peu importe ce que c'est, c'est « suffisant » !

Il est alors logique d'en venir à comprendre que l'évolution, dans le cadre de la Création, est un processus de coopération et d'échange constant de connaissances et d'expériences tendant vers la sagesse. Ces trois mots peuvent être remplacés par attraction, intention et laisser-être. L'inclusion de nouvelles informations dans le système de croyance amène les changements de pensées, d'opinions et d'attitudes. Une fois cette étape franchie, le processus de devenir démarre parce que la matrice ou le mode de pensée de l'individu ou du groupe change et attire des expériences différentes. À force d'essais et d'erreurs, l'expérience se transforme tôt ou tard en savoir, et le cycle recommence.

La création et ses processus sont tous logiques ; c'est que la pensée pensante ne saurait fonctionner dans aucun autre mode qui manifesterait et maintiendrait la forme. L'émotion est un ingrédient important dans le processus. Cependant, quand l'émotion mène le bal dans l'expérience de l'individu ou du groupe, elle devient alors un piège et indique un déséquilibre qui peut être corrigé. Elle indique qu'il faut réserver du temps pour réfléchir avec le cœur afin de discerner la vérité de l'information, de la situation ou de la circonstance qui déclenche la réaction émotive. Il importe en effet de déterminer la cause de l'émotion. Quand la zone de confort doit être défendue, c'est peut-être parce qu'elle est maintenue avec trop de rigueur. Peut-être est-il temps d'envisager de laisser tomber et de revenir dans le flot ? Ce qui attaque la zone de confort du système de croyances peut souvent contenir les éléments nécessaires pour atteindre le prochain niveau d'évolution et mérite la considération. Réfléchir et chercher la logique au coeur d'une question ou d'une situation représente une participation à la création à partir de ses trois blocs de base, ce qui mènera au quatrième.

L'inertie n'est pas un élément énergique ; par conséquent, soit qu'elle mette un terme à l'expérience, soit qu'elle cause un vide qui devra être rempli par quelque chose d'autre. Il est préférable que le vide soit rempli intentionnellement. Le but est d'être charismatique dans ce processus de participation à la Création. Chaque être est en lui-même un point focalisé de la conscience créative intégrale. Ce n'est pas un statut insignifiant. Être « juste un être humain », cela n'existe pas !

La potentialité pure est sous-jacente à toute la Création, y compris les lois universelles. Elle appartient à chacune des composantes puisque ces dernières sont ses parcelles conscientes focalisées et individualisées. Chacun a un égal droit d'accès à cette potentialité simplement en l'appliquant, autrement dit, en devenant elle. Ce qu'est cette potentialité pour chaque individu ou groupe, est une matière de choix gouvernée seulement par les limitations génétiques actuelles et les pensées, les opinions et les attitudes. Par conséquent, les pensées, les attitudes et les opinions déterminent combien vous pouvez tirer avantage de la potentialité absolue qui est vôtre, en vertu de ce que vous êtes et de qui vous êtes. Ceux qui ont progressé au-delà de l'expérience terrestre en profitant de cette occasion de devenir ont été appelés « des dieux ». Ce qu'ils « ont fait, vous pouvez le faire aussi et même davantage ». C'est le droit que vous possédez déjà.

Il est temps de cesser d'écouter les mensonges qui vous font croire que vous deviez attendre après la mort pour réclamer votre héritage. Cet héritage est vôtre maintenant et il l'a toujours été. La connaissance de qui vous êtes et de ce que vous êtes vous permet d'appliquer les lois qui vous ont placés dans le flot créateur et de devenir vos rêves. Il vous revient de droit de vivre votre vie dans l'abondance.

L'application des lois comporte des nuances ; parmi elles, il y a la nécessité de vivre à l'intérieur de leurs cadres. Et c'est dans le cadre de la Loi du laisser-être qu'il est approprié de discuter d'abondance et de luxe. Un dictionnaire renferme souvent beaucoup de sagesse et il est très utile pour arriver à mieux comprendre la signification des mots. D'après le Robert, l'abondance est « une grande quantité, une quantité supérieure aux besoins ». Le luxe est « un bien ou plaisir des plus coûteux qu'on s'offre sans nécessité ». Par conséquent, l'abondance s'intègre dans la Loi du laisser-être car cette dernière permet à tous de vivre aussi dans l'abondance. Le luxe implique de vivre dans une extraordinaire abondance. Il est également très important d'insister sur le fait que l'abondance ne représente pas nécessairement la même chose pour chaque personne en devenir. Il incombe à chacun qui participe au processus de devenir de manifester ses expériences de vie selon sa propre capacité à fonctionner dans le cadre des lois. Cependant, s'emparer de l'abondance d'un autre pour l'ajouter à la sienne n'est pas conforme aux lois. Si la coopération est la note dominante, la compétition est le glas qui sonne la mort du progrès. Est-ce que cela veut dire qu'il ne convient pas de gagner une course ou de participer aux événements athlétiques ou d'exceller à quelque chose plus que quelqu'un d'autre ? Bien sûr que non. C'est simplement qu'il est requis de garder une perspective qui s'aligne parfaitement avec l'application des lois universelles. C'est un exemple du principe du paradoxe qui peut facilement devenir un piège.

Le sentier du devenir ressemble à une partie de golf : il n'est en aucun cas prévisible sous tous ses aspects ni dans la possibilité de gagner à tout coup. C'est là que résident le défi et la fascination pour ce jeu. Pour ce qui est du jeu de la vie, on ne peut en débarquer. Une fois qu'un fragment est focalisé en tant que conscience éveillée, le jeu ne s'arrête plus. Le terrain de jeu peut changer mais le jeu lui-même se poursuit sans arrêt. Il est beaucoup plus facile de jouer si l'être garde fermement ce concept à l'esprit. Plus il fait preuve d'espièglerie et d'humour, plus son voyage vers le devenir est facile. En effet, ceux qui vous ont précédés sur le sentier du devenir rient bien et fréquemment. Essayez, cela vous plaira.

Chapitre 28

Le changement dans la conscience collective repose sur les probabilités d'acceptation de la matière contenue dans ces messages. Le nouveau paradigme d'expérience humaine est basé sur une campagne à facettes multiples visant à assister le genre humain dans son effort de parachever au plus vite cette phase d'expérience. En effet, si la réincarnation est une réalité et si les aborigènes d'Australie peuvent demander à se réincarner sur une autre planète, alors pourquoi ne serait-il pas possible pour la portion génétiquement corrigée du segment transplanté de l'humanité d'en faire autant ? La réponse dépend du degré de connaissance qui aura été transformée en sagesse. Les aborigènes connaissent bien la nature de leur rapport avec la Création et ils ont appris à vivre avec elle en harmonie. Ils observent leurs jeunes gens se faire séduire par la technologie moderne, ce qu'ils considèrent comme des croyances non transformées en sagesse, et ils voient disparaître leur progrès bien gagné. Leurs croyances et leur mode de vie, que les sociétés modernes jugent comme étant une maigre existence, représentent pour eux l'intégrité et l'abondance vécues dans la paix et l'harmonie. C'est une affaire de perspective.

Nous en venons donc aux questions suivantes. À l'intérieur des sociétés dominées par la religion, y a-t-il progrès dans l'application des lois universelles de base ? Où est-il ? Où est l'harmonie avec la nature ? Où est la vie paisible au sein d'une collectivité dans la société technologique moderne ? Sera-t-il possible d'apprendre un jour ces leçons après des siècles et des siècles de comportement programmé et dicté par la génétique ? Aux yeux de ceux qui sont chargés d'observer le processus, cela paraît impossible. Alors, vos frères et sœurs vous offrent encore leur aide car ils se soucient vraiment de vous et désirent vous voir réintégrer la famille humaine en évolution.

On dit à juste titre des Terriens que si quelque chose ne marche pas, ils semblent l'utiliser d'autant plus. Nous admettons que ceux que vous appelez les extraterrestres provoquent votre situation et coopèrent totalement avec les planificateurs sombres de votre planète ; ces deux groupes sont d'ailleurs génétiquement proches. Est-ce que la Terre est la seule planète en déséquilibre ? Non. Tel que nous l'avons mentionné auparavant, ce segment de la Création, cette galaxie – le royaume qui fait l'objet de ces messages – fait l'expérience de l'expansibilité du courant créatif en utilisant les énergies des pôles positif et négatif. Un niveau de grand déséquilibre peut se propager comme le fait la maladie dans votre corps physique ; il faut alors trouver une cure. Dans le cas de la Terre, la chirurgie n'est pas la cure recommandée. Il est préférable d'utiliser la méthode holistique qui consiste à modifier les pensées, les attitudes et les opinions pour créer un renouvellement et un nouveau paradigme d'expérience. Cela permettrait aux êtres humains de rejoindre le courant créatif maintenant, en transcendant l'expérience en cours, plutôt que de continuer obstinément à faire tourner la roue de la répétition jusqu'à ce qu'ils complètent la transition individuellement et collectivement, dans un avenir lointain.

La situation sur cette planète est ce qu'elle est, même si elle est difficile à comprendre. Il est important de saisir la réalité et le sérieux des conséquences si vous persistez sur cette même lancée. Mais ce qui importe avant tout, c'est de créer le changement. Ce dernier ne se produira pas en observant continuellement le déséquilibre mais en dirigeant l'attention vers ce par quoi vous voulez le remplacer. Il n'y a aucun autre moyen de dépasser le déséquilibre et d'atteindre l'objet de vos désirs. Encore une fois, il est important de souligner le besoin d'accepter le fait que les systèmes de croyances actuellement présents dans la conscience collective de la planète n'ont pas sorti l'humanité de son dilemme. Ces systèmes l'ont enfoncée plus profondément que jamais dans la situation actuelle qui la mène maintenant vers le niveau le plus bas jamais atteint dans cette expérience humaine. Si cela n'a pas marché dans le passé et si cela ne marche pas maintenant, il est temps d'accepter l'évidence, d'ouvrir le système de croyances à des idées différentes et de réfléchir à leur véracité plutôt que de les rejeter sans même les prendre en considération.

Lorsque suffisamment d'individus auront lu ces messages et qu'ils auront constaté la justesse de l'analyse offerte, le mouvement d'abandon de l'attitude de victime prendra alors son essor. La conscience collective absorbera cette compréhension lorsque, selon un taux exponentiel, un certain point aura été atteint. À ce point là, le squelette du projet aura progressé. Le moment charnière arrivera lorsque le groupe crucial dans cette pensée focalisée sera en harmonie avec l'environnement galactique immédiat, lorsqu'il se conformera aux lois universelles et à leur cadre et que tout cela deviendra l'intention de l'humanité. Alors, la partie sera gagnée, les vainqueurs écriront le nouveau scénario et des conseils seront disponibles sur demande pour faciliter l'accomplissement de la manifestation de la nouvelle expérience.

Ici encore, le libre arbitre est le facteur déterminant. Les conseillers peuvent mettre à votre disposition des technologies qui surpassent tout ce que vous avez en ce moment sur la Terre. Ils peuvent les partager avec vous et ils le feront et la vie abondante ne voudra pas dire marcher pieds nus dans le désert, à moins que les vainqueurs ne choisissent résolument ce scénario. Si le genre humain choisit de rester obstinément dans le présent système de croyance et qu'il continue de jouer selon le scénario actuel, marcher pieds nus dans le désert lui paraîtra en effet une forme d'abondance.

Est-ce que nous voulons vous menacer ? Certainement pas ! Mais la situation est ce qu'elle est.

Chapitre 29

Ceux qui acceptent l'information et la connaissance contenues dans ces messages ont la responsabilité de l'intégrer dans la structure de leur système de croyances. En termes simples, cela veut d'abord dire assimiler l'information et la mettre en pratique pour soi-même et ensuite, livrer le message à Garcia. Garcia est chaque personne qui peut recevoir les messages et qui les recevra, pour ensuite livrer celui du nouveau paradigme à d'autres qui accepteront la mission. De cette manière, le courant expansif de création travaille à bâtir la fondation pour le nouveau paradigme. Une fois que la simple déclaration d'intention aura été conceptualisée, elle viendra rapidement renforcer le réseau qui aura déjà été initialisé. Une fois l'attitude de victime transcendée, la déclaration d'intention portera la conscience individuelle et la conscience collective au prochain niveau. Donc cette déclaration doit être aussi simple que la déclaration suivante : « Je/Nous/Ils/Elles suis/sommes/sont un/des humain(s) en devenir, aidez-moi/nous/les à devenir ! »

Quel est logiquement le prochain niveau de conscience à embrasser pour pouvoir être capable de conceptualiser l'ébauche du nouveau paradigme ? Quels mots redonneraient à la conscience humaine le pouvoir de sortir de sa léthargie jusqu'à désirer résolument la capacité de déterminer sa course individuelle et collective, au moment présent et dans l'avenir ? Cet appel simple et puissant vers la potentialité infinie de création qui est au centre magnétique de la conscience de soi de chaque être humain attend d'être capté. (Demandez au niveau de pensée qui soutient la création à la grandeur du système solaire, ou même de la galaxie. Demandez d'un point de conscience au-delà de l'attitude de victime et vous aurez une réponse.)

Une fois éveillée à elle-même, la conscience désire et recherche les canaux à travers lesquels elle peut s'exprimer. Les chefs gouvernementaux et religieux du passé et du présent ont perçu cette caractéristique et ils l'ont exploitée à l'aide de techniques de manipulation. Un nouveau paradigme doit transcender cela pour être vraiment nouveau. Il n'est pas nécessaire de conceptualiser le nouveau paradigme au complet pour en comprendre l'objectif. La prochaine étape logique dans le processus est donc d'esquisser clairement cet objectif. L'esprit encombré doute de sa capacité de conceptualiser quelque chose de nouveau au milieu de la confusion qui règne. Cependant, une fois qu'une personne perçoit la cause et l'intention de la confusion et une fois qu'elle prend la décision de laisser tomber l'attitude de victime, l'encombrement se déplace vers le fond. La conscience devient intriguée à mesure que des codes latents sont activés qui font intuitivement monter à l'esprit le désir de vivre en toute liberté une existence autodéterminée.

Il est important de comprendre que le centre de la conscience de soi, cet aspect du moi qui sait qu'il existe, est le centre magnétique qui attire le corps et toute l'expérience. C'est un microprocesseur holographique de création. Un hologramme peut être reproduit à partir d'une cellule minuscule de l'original. Tout comme la création doit être vénérée, respectée et tenue dans la plus haute estime, il en va de même pour la conscience de soi qui doit être également vénérée, honorée et respectée. Cet aimant d'énergie s'ancre à la conception et se revêt lui-même d'un corps pour faire ses expériences ; lorsqu'il se retire, le corps meurt. Il en revient à chacun de contempler la création et de faire briller la lumière de sa compréhension par le biais de ce microprocesseur de conscience de soi qui s'extériorise dans les expériences de vie vécues en toute sagesse. Cela étant accompli dans le cadre des lois universelles qui gouvernent ce processus, l'hologramme de la Création est progressivement exprimé à travers chacun à un degré de plus en plus élevé.

C'est la Création qui pense et qui projette sa pensée afin de s'étendre et de se connaître elle-même. La Création est consciente d'elle-même par le biais de ses microprocesseurs qui imitent son propre processus. À mesure que chaque être vivant conscient grandit en sagesse, la magnitude dimensionnelle des expériences change. L'augmentation exponentielle est très exigeante pour ceux qui acquièrent beaucoup de sagesse s'ils veulent continuer sur leur lancée. Vivre l'aventure au sein de la Création, c'est comme lire une bonne histoire à intrigue. Une fois pris par le scénario, il est difficile de s'arrêter de lire. De la même manière, il est difficile de cesser de désirer évoluer. Même si quelqu'un dévie de sa route, le désir ardent de poursuivre le processus continue d'attirer la conscience vers l'avant sur sa trajectoire. C'est en raison de cet élan à poursuivre coûte que coûte que certains se portent volontaires pour aider et assister les autres fragments de conscience à retrouver la piste d'expérience qui ne se termine jamais. La Création est maintenue par le volontariat et s'étend de la même manière. C'est ainsi que ça se passe !

Chapitre 30

L'évolution de chaque conscience de soi manifestée dépend de sa capacité à traiter la connaissance disponible qui est présente dans son flot d'expérience et qui provient de ce flot. L'influence de ceux qui l'entourent, qui croient que certaines vérités et expériences sont la Vérité grand V ou l'expérience ultime, mène à des pièges et des impasses sans fin. Vivre la connaissance acquise et la laisser se transformer en sagesse équivaut à poser des dalles sur son sentier. Une fois la compréhension assimilée, il est temps de rassembler la matière qui constituera la prochaine dalle. Cette dernière ne peut être fabriquée du même matériau que la précédente ; elle doit inclure de nouveaux matériaux, de la nouvelle connaissance. Il peut y avoir un pont entre ce qui a été appris et la nouvelle information subséquente mais il se peut qu'il n'y en ait pas. Les nouveaux concepts peuvent contenir les essences de plus d'une dalle. C'est cette juste analogie qui a fait jaillir l'idée que l'évolution est un « sentier spirituel ». La visualisation significative de ce sentier mène à la compréhension que les pierres doivent être présentes et posées une par une avant qu'il y ait un sentier. Un autre important concept qui vient plus tard est que le sentier ne s'étale pas devant le voyageur mais derrière lui.

Il est rare que le sentier visible derrière toute conscience en évolution ait la forme d'une spirale ascendante lisse. L'acquisition d'une connaissance afin de l'expérimenter en vue de la comprendre et de la laisser aller comme étant complète pour ensuite s'ouvrir à nouveau et recommencer le processus d'apprentissage, ne conduit habituellement pas facilement au but ultime. La conceptualisation de ce but est littéralement trop compliquée pour la renfermer dans des mots à signification limitée. Cependant, le magnétisme de ce but attire tous les éléments de la Création pour qu'ils reviennent finalement à leur Source. Il n'y a aucune possibilité d'échapper à son attraction, peu importe combien le sentier de la sagesse fait de détours, d'angles, de coudes, sur sa trajectoire de retour. Si nous pouvions voir la forme du sentier qu'ont dessiné les humains sur la Terre au cours des millénaires, nous verrions qu'il se courbe abruptement sur lui-même pour former un cercle. Le genre humain a continué de tourner en rond sur ce sentier ; peu d'individus ont été capables de découvrir intuitivement la manière d'en sortir pour enfin poursuivre leur évolution.

Maintenant, nous ne parlons plus de cercle mais de spirale descendante puisque l'expérience humaine récente a été poussée vers des activités vibratoires inférieures de violence de plus en plus grande et de dénigrement du corps et de la conscience. Des dogmes à contenu vraiment démoniaque assaillent les fondements de la famille et de l'intégrité personnelle ; des techniques visuelles et auditives les régissent et visent à les démolir. On doit se souvenir que les êtres humains génétiquement altérés ont conçu les religions dans le but valeureux de prévenir l'autodestruction. L'intention originale et le but n'étaient donc pas d'en faire des sentiers d'évolution. Cependant, elles contenaient bien quelques enseignements qui avaient été offerts par des visiteurs bienveillants et qu'elles avaient retenus. Il y eut également des visiteurs plutôt malveillants qui observèrent le processus religieux pour s'en servir afin d'appliquer leur propre programme de revanche et de vengeance. En infiltrant les religions et en développant lentement leurs stratégies, ils réussirent avec le temps à déformer les vrais enseignements qu'ils utilisèrent pour promouvoir le mouvement tourné sur lui-même que l'altération génétique avait causé et le transformer ensuite en spirale descendante.

Ces messages ont comme objectif de faire la lumière sur le dilemme de l'humanité et de présenter quelques-uns des passages essentiels de sa cosmologie connaissable. Ils contiennent les éléments d'un plan réalisable qui permettrait à l'humanité de créer pour elle-même l'occasion d'abandonner le sentier en spirale descendante qui résulte non seulement de la modification génétique mais de l'entêtement des gens à refuser l'aide offerte. Ce refus entêté de laisser aller les vieilles perceptions et cet ancrage dans l'attitude de la victime leur a causé de devenir la proie de ceux qui profitent de ce niveau de conscience. La portion de la population qui fut attirée par les visiteurs interplanétaires malveillants et qui s'est mêlée à eux a le dessus en ce moment.

En premier lieu, un nombre suffisant de Terriens doivent se rendre compte de la situation qui a été forgée pour leur faire plier l'échine. Deuxièmement, un nombre suffisant de ces Terriens doivent envisager la possibilité que ces messages soient véridiques. Troisièmement, un nombre suffisant d'entre eux doivent avoir le courage de discerner ces vérités et de suivre les suggestions. Ce sont eux qui guideront leurs compagnons humains à travers cette situation dangereuse vers le nouveau paradigme et le retour à la famille galactique. Alors, les Terriens seront accueillis et ils seront bienvenus dans toute la Création ; ils pourront marcher et apprendre parmi leurs amis et assembler les matériaux qui formeront les dalles de leur sentier respectif. Leur expérience qui tenait depuis longtemps à une existence limitée et frustrante ne sera pas une perte totale. Ils apprécieront grandement les bénéfices qui les attendent.

Chaque étape que nous avons esquissée est critique. Chacune exige de vous du courage en tant qu'individus d'abord, et aussi en tant que participants à une action de groupe combinée. Le plus difficile est d'accepter le concept qu'il n'y aura pas d'armée assemblée physiquement pour vous encourager l'un l'autre. Le changement sera accompli par des individus engagés fidèlement à l'intérieur d'eux-mêmes et qui mettent l'enseignement à profit quotidiennement en énonçant leur désir intentionnel de transformation et leur résolution ferme de passer au travers du chaos à venir. Ils sauront dans leur coeur à un niveau émotif qui ne vacille pas que ce qu'ils désirent existe et que c'est en cours de manifestation maintenant, alors que ce désir de manifestation est embrassé et conceptualisé. Le miracle du nouveau paradigme sera le rassemblement d'individus liés par leur intention d'honorer le même accord symbolique déterminé. Ce foyer coopératif produira la nouvelle expérience projetée en utilisant la Loi d'attraction et en agissant à partir de la Loi de création intentionnelle. Ces individus feront tout à fait confiance au processus et lui permettront de se réaliser. Alors, l'équilibre et l'harmonie régneront. La vérité de la présence des lois universelles et de leur pouvoir, stimulée par les foyers coopératifs combinés, sera démontrée. Cette démonstration permettra qu'un gros bagage de connaissances devienne sagesse apprise et sagesse acquise par l'expérience vécue. L'humanité se trouvera alors debout sur la dalle de sortie, celle qui mène hors de la spirale descendante, et elle aura devant elle l'occasion de créer de nouvelles pierres de sagesse pour ses sentiers à l'intérieur du nouveau paradigme.

Chapitre 31

La compréhension acquise en lisant cette matière, surtout chez ceux qui l'ont contemplée et qui y ont réfléchi dans le but spécifique de sentir s'il y avait une résonance avec leur vérité, a changé la perspective de chacun. La connaissance une fois assimilée transforme la réalité à travers laquelle le processus de vie est perçu et contemplé. La perception de la réalité courante change lorsqu'on observe l'encombrement de l'esprit, sachant qu'il est causé délibérément. Même si l'observateur choisit d'ignorer la vérité présentée comme étant une possibilité, il ne pourra jamais se mélanger à nouveau aux masses endormies. L'information s'installe dans l'arrière-pensée et les circonstances et événements continueront à déclencher la conscience de la vérité. Ainsi se sèment les graines du changement. À un moment donné, elles commenceront à grandir et à porter fruit. Ceux qui repoussent l'information avant même d'y réfléchir se verront offrir ce choix de nouveau, avant que le projet du nouveau paradigme ne soit complété.

Bien que beaucoup de gens repousseront l'information, le fait d'un premier contact invoque l'occasion d'un choix dans l'avenir et cela, les porteurs de message doivent le comprendre. Cela devrait réconforter ceux qui désirent voir leur famille et leurs amis accepter cette information. La deuxième offre viendra habituellement d'un autre messager et elle court de meilleurs chances d'être acceptée pour deux raisons : d'abord, parce qu'ils ont déjà entendu ce discours et ensuite, parce que c'est plus facile à accepter à un niveau logique qui n'implique pas de déclencheurs émotifs. Ainsi, vous serez préparés à un rejet possible, mais advenant un tel rejet, vous saurez qu'un lien de contact a été établi. Le cadeau est donné, qu'il soit accepté immédiatement ou plus tard. S'il est tout à fait refusé, alors on doit se souvenir de la difficile leçon de laisser-être car chacun a son libre arbitre. Il y a aussi la possibilité que le scénario évoluant, ces sceptiques se mettront à rechercher l'information. L'intention exprimée en bénissant les individus « pour leur plus grand bien » ou toute invocation semblable porte l'énergie du flot d'expansion créatif. L'expansibilité de cette énergie a créé les galaxies, les systèmes solaires, les planètes et des êtres capables de croissance pour qu'ils en viennent à apprécier le processus. Cette énergie est aussi puissante que subtile. Plus celui qui émet l'intention est relaxe et sage, plus le résultat est puissant.

À mesure que les messages circulent et qu'ils sont acceptés et contemplés, la Loi d'attraction commence à agir et à attirer plus de gens animés de croyances similaires. Ceux qui sont éveillés commencent à se rendre compte qu'il y a peu d'information qui passe à l'étape cruciale suivante, celle qui consiste à offrir une véritable solution à la situation. Certaines préparations à la survie sont nécessaires mais cela n'offre pas de résolution. Cette conscience est aimantée et elle demande que la question « Qu'est-ce que nous pouvons faire ? » trouve sa réponse. Cette réponse viable qui fournit une cure et non pas seulement le soulagement des symptômes se trouve dans ces messages. Une manière d'évaluer certaines autres suggestions offertes pour résoudre la situation qui est devant nous est de vérifier si elles offrent une cure ou simplement le soulagement des symptômes. Comme dans le cas de maladie du corps humain, un symptôme indique rarement la cause entière du problème. Les symptômes qui affectent maintenant la totalité de la population humaine et la planète sont si nombreux qu'il est difficile d'obtenir une vue d'ensemble. Peu de gens ont le temps ou la ténacité d'en venir par eux-mêmes à une conclusion claire. Pour arriver à se faire une idée de la vaste réalité, ils dépendent des médias et d'autres fournisseurs d'opinions contrôlés qui sont d'ailleurs facilement accessibles, à dessein. Les nouvelles sont écrites avec un sens de la psychologie et de manière à ne présenter que certaines facettes des situations et des événements afin de décevoir l'auditeur/l'observateur et d'encourager sa coopération inconsciente nécessaire pour compléter les préparatifs en vue d'établir l'esclavage un pas à la fois et prudemment.

À mesure que le moment approche, les chefs marionnettes deviennent plus impatients et négligents ; pourtant, les masses n'entendent toujours pas ni ne voient. Sachez que cela aussi sert à la mise en oeuvre du projet du nouveau paradigme. Soyez patients et posez les blocs de la fondation avec constance et détermination. Joignez-vous en petits groupes de résonance semblable et étudiez comment l'intention est formulée, passez les messages et sachez que c'est le processus de la pensée qui pense à l'intérieur des lois universelles. Le désir de cette nouvelle expérience attire déjà son format énergétique.

Faites confiance au processus ! Ce projet a la bénédiction de la planète et de ses habitants car il exprime la volonté de l'ensemble. C'est un atout majeur pour en assurer le succès. Il exige une détermination solide. Tenez bon et faites tout ce qui est nécessaire avec passion et zèle. Lorsque vous vivez des moments de découragement, imaginez-vous en train d'émerger de la spirale descendante pour vous tenir debout sur la première dalle du sentier d'évolution, éveillés aux possibilités qui s'offrent maintenant à vous. Souriez, vous faites partie de l'équipe gagnante et consentante !

Chapitre 32

À mesure que ces messages circulent et que les gens sont de plus en plus nombreux à les lire et à en assimiler le contenu, le flot naturel de la Loi d'attraction provoque une augmentation graduelle de leur attrait magnétique, ce qui amène de plus en plus de gens à saisir les raisonnements logiques qu'ils offrent. La vague de mécontentement et de frustration qui monte du fond de la conscience collective grossit. Une solution viable, qui n'exige pas que le corps humain soit sacrifié pour accomplir le renversement désiré de la situation qui entoure la totalité de la conscience collective, consiste à appliquer de la pression et à mener la situation jusqu'à un point qui sert d'impulsion pour la naissance du nouveau paradigme. Il est approprié de rappeler à l'équipe que « l'ordre divin » ne paraît pas opérer nécessairement selon un mode séquentiel. Cet ordre opère à partir d'une définition très simple de la forme, de nature holographique, et il complète le processus nécessaire de diverses manières.

La clef de la réussite pour compléter cela à l'intérieur de dimensions vibratoires plus lentes, c'est de maintenir fermement à l'esprit la vision de la définition de la forme pour la durée de la longue période nécessaire à la manifestation en une réalité observable. Comme les participants ne pourront maintenir la vision que pour une courte période de temps à la fois, le nombre d'individus qui visualisent la forme en place est crucial. Donc, si suffisamment de gens le font souvent et assez longtemps, l'image sera ainsi constamment projetée. C'est le processus de la pensée qui pense au niveau de la nécessité, dans les taux vibratoires inférieurs de la 3e dimension ou la plus basse dimension de l'existence humaine. C'est le plus difficile à transcender parce que le taux vibratoire lent exige au mieux que la concentration soit maintenue pour que la manifestation se matérialise. Plus le taux vibratoire est bas, plus la manifestation exige du temps et plus il est difficile pour l'esprit de se concentrer. Le brouillage de cerveaux que l'équipe adverse accomplit pour vous nuire en ce moment ajoute un autre élément à cette situation déjà difficile.

L'équipe adverse pense que le couvercle est hermétiquement fermé et qu'il est impossible pour un nombre crucial d'êtres humains de détecter le filet de tromperie, de s'organiser et de se glisser au travers du piège posé avec soin, pour enfin trouver la liberté. En gros, c'est cela le défi. Cette « mission impossible » peut-elle être menée à terme ? Est-il possible pour ce géant endormi de s'éveiller, de secouer l'effet des sédatifs administrés et de retrouver suffisamment de conscience pour faire les choix nécessaires ? La capacité de le faire est là et l'occasion est à saisir maintenant, car une autre opportunité ne se retrouvera pas sur le chemin des Terriens avant longtemps, et après beaucoup de souffrance supplémentaire. On dit que le genre humain abandonnera le luxe et toutes sortes de choses et d'expériences avant qu'il ne laisse aller la souffrance qui a été son lot depuis si longtemps. Votre religion chrétienne vous apprend que la souffrance est sacrée et qu'elle est un pont menant à l'expérience céleste dans une prochaine vie offerte par un dieu « aimant ». Y a-t-il une logique là-dedans ?

Pour nous, vos frères cosmiques, il est impossible de comprendre les tromperies qui vous habitent, que nous les prenions chacune individuellement ou que nous les prenions toutes collectivement ; elles défient toute logique. La Création entière est logique. La logique est un merveilleux mécanisme équilibrant. Le système de croyances collectif des habitants de la Terre est si totalement déformé, vu l'exploitation des émotions, que ce qui est de l'ordre de la logique universelle apparaît illogique et difficile à croire. Pour que le projet du nouveau paradigme réussisse, les messagers doivent digérer les messages dans la totalité de leur conscience, leur permettre de passer au travers des couches de concepts qu'ils abritent, de changer leur perception de qui et de ce qu'ils sont et de changer aussi leur façon de percevoir la Création. Il faudra que toute la conception erronée trouve sa résolution à l'intérieur d'une nouvelle perception et conception fondamentale de la plénitude holographique, coopératrice et interactive qui amène la Création à l'existence et qui maintient la liberté de choisir au moyen du libre arbitre. L'esclavage n'est pas l'héritage de choix. L'utilisation du libre arbitre pour abandonner la structure de base de la Création et choisir l'expérience de la victime a permis à cette situation de régresser à son niveau actuel.

Voici l'occasion de clore cette expérience et de progresser

en vous souvenant de qui vous êtes et en faisant ce que vous avez été conçus pour faire. Il est temps d'abandonner la souffrance et d'expérimenter la joie, la béatitude et l'extase pour les réalités qu'elles sont et non pas comme moments éphémères ou buts mythiques réservés seulement aux saints. Ni les enfants abusés, ni les guerriers menaçants, ne constituent un idéal. Ce qui convient davantage, c'est l'archétype de l'adulte accompli et libre, chez lui dans un monde galactique d'aventures. Vos frères et sœurs affectueusement inquiets vous offrent ici leur conseil et réitèrent leur promesse d'une plus grande assistance si vous vous aidez vous-mêmes d'abord, tel que le requiert la citoyenneté dans le cadre de la Création. Il est à espérer que chaque lecteur réfléchira et considérera les alternatives pour ensuite choisir sagement.

Chapitre 33

Permettre le déroulement de l'expérience de chaos qui vous attend au tournant représente tout un défi pour ceux qui comptent faire passer le nouveau paradigme à travers ses étapes initiales de départ et de naissance en manifestation. Il y aura des moments difficiles et décourageants pour ceux qui acceptent cette mission, spécialement s'ils n'ont pas de compagnons intimes avec qui partager le soutien du rêve et s'offrir mutuellement de l'encouragement. Pour vous aider à maintenir la concentration nécessaire, gardez clairement à l'esprit certains symboles simples sélectionnés ; dessinez-les et affichez-les en tant que rappels fréquents. C'est une technique simple mais elle fonctionne. Les symboles amènent l'esprit à se concentrer, sans avoir à faire d'abord un effort conscient d'identification de l'objet de la concentration, pour ensuite devoir convaincre l'intellect de sa véracité lorsque la situation environnante contredit sa rationalité. Les symboles sont ce que nous pourrions appeler des « remèdes à action rapide ». S'y référer fréquemment, sur une base continuelle, et permettre à l'émotion de vibrer en anticipant la nouvelle expérience qui vous attend, nourrira la manifestation d'une étonnante énergie concentrée.

Si ce simple exercice est pratiqué – gardant à l'esprit sa profonde signification – en de nombreux endroits sur la planète et en un format continu, la manifestation est assurée. Supposons qu'à chaque fois qu'il y a concentration sur le symbole, une manifestation semblable à un éclair de lumière ou une charge électrique devienne visible, la planète pourrait alors sembler littéralement s'allumer d'une nouvelle perception. C'est une bonne analogie et elle permet de se rendre compte du pouvoir que détient la simple re-direction d'intention délibérée en plaçant l'attention sur ce qui est désiré plutôt que sur ce qui a l'air de se passer. Cela fait passer le contrôle de l'observé à l'observateur et redonne leur pouvoir aux observateurs individuels. De plus, cela démontre le pouvoir de la coopération par le biais de l'engagement unifié vers un objectif commun. Le fait que l'objectif ne soit pas défini dans les détails fait en sorte que le procédé de détailler ne vienne pas diluer ou éparpiller la concentration. Ce projet transcende simplement l'identification du problème et la tentative de corriger les symptômes car, en réalité, vouloir corriger les symptômes ne fait qu'ajouter au problème dans son ensemble. Il offre également l'occasion de faire l'expérience de certains aspects du nouveau paradigme en cours de création.

Les paramètres du mode d'expression de vie qui soutiennent l'expérience actuelle doivent commencer à changer pour que le nouveau paradigme puisse être conçu et qu'il naisse en réalité manifestée. De nouveaux paramètres ont été mentionnés tout au long de ces messages afin qu'ils puissent commencer à s'infiltrer dans les esprits de ceux qui lisent, contemplent et discutent ces concepts. La pensée limitée des habitants de la Terre doit changer pour permettre au flot de la pensée créatrice de pénétrer leur conscience sur une base continuelle. Simplement échanger une boîte de concepts pour une nouvelle boîte de concepts ne permettra pas la participation au flot de la Création. Cela ne veut pas dire que le flot de pensée conceptualisée ne se déroule pas de manière ordonnée car sinon, le flot aurait l'effet d'un chaos continuel, ce qui ne constituerait pas un flot. Bien sûr, il y a des périodes qu'on pourrait qualifier de chaotiques lorsqu'on laisse tomber un ensemble de vérités pour en intégrer un autre qui donne le ton au prochain ensemble d'expériences, dans la recherche d'une plus grande sagesse. L'intensité de l'expérience chaotique dépend du temps que le vieil ensemble de concepts prend à disparaître avant que la nécessité d'aller plus loin ne conduise à une percée. Si l'individu pratique l'ouverture à percevoir et à accepter des concepts de vérité apparemment nouveaux, le processus se poursuit alors avec une aisance accrue.

Nous espérons que ceux qui embrassent les prémisses de ces concepts saisissent la portée des transformations qui deviennent possibles lorsque ces suggestions sont acceptées et ensuite, incorporées. C'est l'incorporation de changements conceptuels au niveau des individus et des différents groupes inclusifs qui mène à l'éveil global et qui permet de rencontrer la condition requise pour former l'hologramme. Alors que l'individu participe au processus, sa conscience transcende l'expérience personnelle de manière expansive au travers des groupes et elle en arrive à une dimension globale. Tous et chacun se tiennent alors debout sur une nouvelle plate-forme pour embrasser l'expérience galactique. En visualisant l'expansion inhérente aux étapes franchies, il est possible de comprendre le processus multidimensionnel qui se déroule dans le cadre d'un objectif unique. Une fois cette compréhension passée à l'état de sagesse, elle devient disponible pour en faire l'expérience dans d'autres situations et pour des applications appropriées et variées.

Il est pertinent de signaler qu'il vaut mieux se familiariser adéquatement avec le processus avant d'essayer de l'appliquer à d'autres situations. C'est un peu comme d'enfiler des perles pour fabriquer un collier ; il vaut mieux se concentrer sur une perle à la fois. Dans ce cas-ci, la perle du moment est le nouveau paradigme. C'est sur quoi vous devez vous concentrer ; tout le reste suivra en temps voulu. Nous vous assurons que nous n'avions pas l'intention de disperser votre concentration en vous présentant la possibilité d'une application plus vaste. Restez concentrés sur la création du nouveau paradigme ; la joie de faire l'expérience de ce processus sera définitivement extraordinaire. C'est alors que la vision que se partagent les membres de la famille galactique se révélera, tel que voulu.

Chapitre 34

La conscience en évolution au sein du système planétaire holographique doit son existence à la conscience éveillée individuelle, percevant sa propre existence comme faisant partie d'un ensemble. La perception de ce que cet ensemble inclut varie conformément à ce qui est éprouvé. Jusqu'à l'apparition de l'ère technologique, ces expériences individuelles étaient influencées par un système de croyances qui venait de l'environnement familial d'abord, puis par les croyances qui venaient avec les expériences vécues au sein de groupes plus larges. C'est à l'aide de symboles présentés dans les contes, l'art, la danse, qu'on enseignait la cosmologie ou la compréhension de la manière dont un individu fait partie du plan de la galaxie/l'univers tel que perçu. Cela permettait à chacun de songer à sa place dans le tout et l'encourageait à chercher à savoir et à comprendre. Avec la venue de l'imprimerie, puis de la technologie graphique et de son utilisation pour manipuler le genre humain jusqu'à le mener à l'esclavage, ce processus fut virtuellement perdu. Si la technologie avait été utilisée pour aider l'individu à savoir quelle vérité était disponible et à la comprendre plutôt que de garder cachée l'information clé ou de la déformer, le genre humain ne ferait pas face au présent dilemme.

Ces messages sont donc offerts dans l'espoir que la petite quantité de vérité et de sagesse contenue dans leurs pages attirera le lecteur/ messager à désirer reprendre sa quête de savoir, afin de découvrir qui il est et ce qu'il est. Présentement, cela ne se pratique pas, sauf par les quelques individus dont l'intention est la découverte d'eux-mêmes. Dans le contexte de la situation planétaire actuelle, le droit inhérent de savoir est nié dès la petite enfance et se poursuit jusqu'à l'âge adulte. Ceux qui vivent au sein de cultures plus avancées au plan technologique s'effondrent sous le poids de la fausse information et ceux des cultures moins avancées vivent dans une pauvreté extrême. Il est difficile de songer à sa place dans le plan cosmique quand le besoin essentiel de nourriture et d'abri se situe au premier rang des préoccupations.

De plus, la technologie a été utilisée pour littéralement forcer le corps humain à l'autodestruction en affaiblissant sa nourriture avec des techniques de culture, des combinaisons d'aliments incompatibles, des modifications génétiques faites aux plantes, des additions d'ingrédients abrasifs et des modes de cuisson qui changent l'arrangement moléculaire de la nourriture. Tout cela affecte la capacité du corps humain, des plantes et des animaux à se reproduire à la perfection. La situation est très critique et les quelques individus qui s'en rendent compte essaient de sonner l'alarme. Sans l'aide de ceux qui possèdent une grande compréhension des méthodes à utiliser pour regagner la perfection, il s'ensuivra des générations de corps imparfaits.

Bien que le but de ces messages soit d'offrir un plan pour transcender le dilemme planétaire, il est nécessaire que ceux qui acceptent cette mission comprennent bien que l'humanité sur cette planète est en grand danger et que la situation empire à vive allure. Il est nécessaire de mettre fin à cette situation au plus tôt car si les humains endommagés continuent à se reproduire, le retour vers la perfection des prochaines générations se compliquera de plus en plus, étant donné les mutations qui commencent à se répandre en combinaisons de gènes dominants et récessifs. Ces imperfections peuvent toujours être corrigées dans la génération qui a été endommagée. Le plan diabolique de produire des esclaves inclut ces mutations car les corps imparfaits instillent la croyance à l'infériorité ; de plus, l'effet est réel sur l'intelligence et le corps lui-même. Avec l'addition d'implants technologiques, l'esclavage serait pratiquement complet et permettrait un bien meilleur contrôle que les méthodes actuellement utilisées.

Il n'est pas dans notre intention d'effrayer les lecteurs avec une information qui les ferait se prendre au piège de la concentration au mauvais endroit. Mais il faut à tout le moins présenter une vue d'ensemble qui permette de prendre des décisions logiques et intelligentes. Ce que nous venons de signaler vous est également révélé dans des livres, des magazines, des sites Web et à la radio. Des portions sont incluses dans les programmes contrôlés des médias mais elles passent inaperçues. Ainsi, on pourra dire en toute vérité qu'ils vous l'avaient bien dit mais que vous n'avez pas porté attention. Ils savaient qu'au milieu de cette pagaïe, quelques-uns verraient ce qui se passe mais peu de gens leur accorderaient leur attention.

Ajoutons que les forces militaires sont éparpillées à travers le monde sous le couvert des Nations unies. C'est que beaucoup de gens ne pourraient mettre en vigueur les ordres à venir contre les leurs ; par contre, avec les rivalités ethniques et nationales, ils le pourraient et le feraient contre ceux d'autres nations, cultures et en particulier ceux d'autres religions. Si l'attention est uniquement placée sur la situation et les circonstances qui vous entourent à chaque tournant, vous vous sentez accablés et c'est exactement ce que les contrôleurs veulent pour ceux d'entre vous qui s'éveillent. C'est pourquoi ils ne se préoccupent pas du fait que leurs plans soient révélés à ce stade-ci. Il ne leur vient pas à l'esprit qu'il soit encore possible de rassembler un foyer d'énergie avec suffisamment de pouvoir pour contrecarrer leurs plans même maintenant. Donc, vous avez encore la « liberté » de mettre le projet du nouveau paradigme en marche. Alors, pouvons-nous y aller ?

Chapitre 35

C'est en appliquant la Loi du laisser-être que les êtres humains endosseront finalement leur rôle « d'êtres arc-en-ciel ». L'archétype du guerrier qui a influencé le façonnement de l'expérience du genre humain évoluera enfin vers l'idéal du citoyen cosmique responsable. Il est parfaitement possible de s'aventurer dans un rôle au-delà de celui du guerrier. Les guerriers ne sont bienvenus que parmi d'autres guerriers impliqués dans les jeux de conflits. Ceux qui ont évolué au-delà de ce sentier sans issue ne veulent pas voir les conflits revenir dans leur existence. La liberté de se déplacer librement parmi ceux de développement plus raffiné permet un avancement plus rapide. Comme pour celui qui joue dans un labyrinthe, vient le moment où il doit admettre qu'il s'est gouré en route et que le chemin qu'il a choisi est sans issue ; ou il reste planté là, ou il fait marche arrière pour trouver le bon chemin. Le nouveau paradigme est un cadeau qui permettra à l'humanité de s'élever au-dessus du labyrinthe pour distinguer le bon couloir, celui qui mène à la sortie, et de s'y engager rapidement.

Cela n'arrivera pas sans le changement de conscience nécessaire et la concentration requise au cours de la période de chaos qui démantèlera le mode actuel d'expérience basé sur la compétition et le conflit. Le désir d'un nouveau mode d'expérience doit devenir une passion qui dépasse la tendance à demeurer dans ce qui est familier. La réalisation que quelque chose de bien meilleur vous attend à la clôture de ce mode d'expérience doit être réelle, vous devez y croire et y croire suffisamment fort pour transcender les croyances populaires non seulement de millions de personnes mais de milliards. C'est par la démonstration du pouvoir d'un foyer humain combiné qui se mélange à la sagesse de la Création que chacun connaîtra la vérité. Ce n'est pas de résister à la situation qui existe au plan terrestre qui accomplira ce qui semble requérir un miracle mais c'est de se joindre à ce qui est Vérité. Ce processus donnera accès à un pouvoir inimaginable et pour cela, il suffit simplement qu'un certain nombre d'individus focalisent ensemble sur un point spécifique. Ce n'est pas une majorité ; comparé à la population entière, c'est en fait un très petit nombre d'êtres humains, mais ces derniers se mélangeront au flot qui crée les planètes, les étoiles, les systèmes solaires, les galaxies et davantage.

Le processus est simple, mais le fait qu'il exige de chaque conscience qu'elle se tienne debout, individuellement, et qu'elle se détourne de ce qui a été enseigné génération après génération complique les choses. Il n'exige pas de confronter ceux qui continuent d'enseigner ces non-vérités (d'ailleurs, ils enseignent leurs faussetés en toute sincérité pour la plupart). C'est par contact de personne à personne, avec ceux qui se sentent déjà mécontents de la connaissance disponible aux niveaux profonds de leur conscience personnelle, que la mission doit être accomplie. Beaucoup de gens sentent qu'ils nagent à contre-courant et ils sont prêts et consentants à rejoindre le flot de la Création. Ils n'attendent que de savoir comment accomplir ce changement. L'archétype de l'homme arc-en-ciel interpelle chacun car il agit comme un signal de guidage qui émet perpétuellement des signaux depuis l'arrière-scène de la vie. C'est comme la cloche du dîner qui sonne dans le lointain pour rappeler qu'il est temps de rentrer à la maison pour partager les rafraîchissements et se reposer avec la famille. Dans le cas qui nous occupe, l'humanité s'est grandement éloignée de la maison et elle doit couvrir pas mal de distance ; pourtant, elle y arrivera tôt ou tard et espérons que ce sera bientôt !

Nous nous sommes concentrés sur chaque messager à un niveau très personnel puisque chacun traverse la période de fortification de ses compréhensions et de sa détermination. Ce n'est pas facile de s'engager dans un projet de cette importance ; il faut établir fermement l'intention au niveau conscient. L'esprit et les émotions doivent être en harmonie et en équilibre afin que la détermination ait assez de substance pour tenir fermement pendant la période de changement dans la conscience. Un nouveau point de vue doit avoir le temps de s'enraciner et de devenir le point de vue dominant d'où percevoir les expériences et prendre les décisions avec discernement. Un nombre étonnant de situations de la vie prendront soudainement de nouvelles significations. Les commentaires habituels qui convenaient à certaines situations ne seront plus appropriés et il y aura des moments où vous vous demanderez qu'est-ce qui est approprié. Une période de transition sera nécessaire pour repenser. Vous relirez souvent les messages pour y trouver de nouvelles significations qui vous ont échappé lors de la première lecture. La vérité perçue dépend de la compréhension du moment et elle se rafraîchit constamment à mesure que nous digérons nos expériences de vie et que nous acquérons le discernement nécessaire à la prise de décisions afin d'établir de nouveaux modèles de croyance et de comportement.

Il y a beaucoup à transcender afin que chacun puisse se rende jusqu'à la fin de ce chapitre du livre de l'évolution et qu'il y trouve non seulement un nouveau chapitre mais aussi un prochain tome. Cela se fera un jour à la fois et un changement d'idée à la fois. Le plus grand changement entre tous est la bonne volonté de lire, de réfléchir et de trouver sa propre vérité personnelle intérieure à l'aide de ces messages. Au-delà de cela, les pas sont petits et mènent de façon continue au but de vivre le nouvel idéal ou l'archétype, moment par moment. Quand le nouvel archétype sera inscrit dans la conscience collective, le nouveau paradigme naîtra et l'aventure démarrera avec élan. Alors, vous pourrez choisir de marcher à nouveau main dans la main avec votre famille car vous serez de retour à la maison pour vous nourrir et pour jouir de présences aimantes. C'est une bonne contrepartie à l'abandon de la compétition excessive, du conflit et de l'isolement.

Chapitre 36

Ces messages suggèrent les transformations d'esprit et de coeur qui doivent se produire au niveau psychologique pour rester alignés avec les puissants aspects d'expérience que fournit l'évolution humaine dans les étapes successives de son voyage. La conscience humaine apparaît aux yeux de l'observateur comme une matrice ou une structure d'énergie et c'est ce que vous êtes en réalité. Chaque cellule contient une charge électrique ; par conséquent, lorsqu'on observe l'ensemble de ces charges minuscules, un motif apparaît, constitué de points lumineux et entouré d'une énergie de pensée plus fine émise alors que cette charge lumineuse s'éloigne de l'être. La potentialité pure s'exprime en créant. La toute première forme de base qui soutient sa Création, c'est la pensée et la pensée pense. On peut donc conclure que la totalité de l'être humain pense. Chaque cellule du corps humain pense. C'est ainsi qu'une émotion est ressentie et qu'une réalisation profonde peut causer ce que vous appelez la chair de poule lorsque les cellules du corps en entier viennent d'accepter simultanément un nouveau concept de vérité. Un savoir venant de l'intérieur du corps est transmis à partir des cellules vers les énergies de la pensée plus fine qui entourent le corps ; l'esprit conscient s'ouvre alors pour recevoir cette information.

La fonction de la pensée n'est pas réservée au cerveau. C'est la totalité de l'être humain qui participe au processus rationnel. L'émotion est une combinaison de la pensée décodée par les cellules du corps qui utilisent les sentiers du système nerveux de la même manière que vous utilisez les lignes téléphoniques. Mais, de même que vous recevez des émissions de télé et des messages par téléphone cellulaire sans avoir à utiliser de fils, ainsi le corps a des capacités semblables mais bien plus raffinées. Ce que vous appelez l'intuition est une illustration de cette capacité plus raffinée. C'est un savoir qui prend place à un niveau cellulaire et s'enregistre dans la conscience selon différents degrés de compréhension et selon le système de croyances de l'individu.

Le cerveau est conçu pour participer à une multitude de processus. Il loge les plus vulnérables et les plus finement réglées des glandes endocrines. Les glandes pituitaire et pinéale avec leurs précieuses sécrétions sont les conductrices du tandem corps/pensée chez l'être humain. Le cerveau est la station de manoeuvre pour la réception et la transmission du processus rationnel. Le processus de pensée du corps en entier passe par le mécanisme du cerveau pour qu'il puisse y avoir un échange entre les êtres humains. Cependant, la pensée doit traverser le système de croyances entreposées dans les énergies plus fines qui entourent le corps ; ces énergies retiennent non seulement les modèles de croyances qui résultent des expériences de l'individu, mais elles contiennent également les normes de l'expérience et les systèmes de croyances des divers niveaux d'expérience de la planète entière. Une des fonctions du cerveau est d'enregistrer et de lire cette information sur demande. Donc, lorsque certaines parties du cerveau sont stimulées, le cerveau ne se lit pas lui-même – il ne lit pas son propre contenu –, il lit les données entreposées dans la fine énergie entourant le corps. Chaque être humain porte avec lui l'histoire complète de son existence, entreposée dans cette incroyablement intelligente énergie qui l'entoure.

Cela explique en partie pourquoi l'humanité sur cette planète ne peut pas entrer dans les plus hautes dimensions à l'heure actuelle ; les contrôleurs sont capables de lire l'énergie environnante plus fine et de décoder tout ce qu'il y a à savoir sur chacun, chaque pensée et chaque intention. C'est le principe de ce que vous appelez la télépathie. Comment est-ce possible ? Ce que vous appelez le « progrès spirituel » dépend du degré d'activité de deux glandes d'importance capitale contenues dans le cerveau : l'hypophyse et l'épiphyse (glandes pituitaire et pinéale). C'est la barrière hémato-encéphalique qui assure la protection de ces glandes. Seules de minuscules molécules sont capables de traverser cette barrière. C'est bien triste à dire mais cette barrière peut maintenant être traversée chez les Terriens. Heureusement, il y a des individus qui sont au courant et qui mettent de grands efforts à faire circuler l'information afin qu'il y ait autant de gens que possible qui en soient informés. Ce n'est pas seulement la nourriture ingérée, mais également de nombreux produits de soins corporels ou autres qui contiennent maintenant des molécules destructrices qui peuvent traverser et traversent cette barrière hémato-encéphalique. Ces éléments causent de grands dommages au cerveau humain aussi bien qu'au reste du corps. Pour votre protection personnelle et la protection des générations à venir, chaque messager doit devenir conscient de ces dangers, s'efforcer de trouver les alternatives disponibles les plus sûres pour lui-même et passer l'information aux autres. Il y a des alternatives disponibles mais les découvrir exigera un effort. Il est important d'être au courant et de lire le contenu de ce que vous achetez. Ce sera du temps mieux dépensé que celui passé à regarder la télé.

Encore une fois, nous pointons vers le chaos plutôt que vers le but, mais le but n'est d'aucun avantage s'il n'y a pas de Terriens intègres pour amener le nouveau paradigme en manifestation et en faire l'expérience. Donc, il est important de révéler certains détails particuliers. Il y une méthodologie en développement qui permet à l'ADN endommagée de retrouver son intégrité sans avoir à utiliser les produits chimiques de fabrication humaine qu'on développe dans cette optique. Méfiez-vous de l'intervention humaine à ce stade-ci. La nature a même fourni ce procédé pour la préservation intégrale de l'être humain. Il y a en effet des mécanismes de sauvegarde pour protéger l'humanité de l'autodestruction que vous pouvez découvrir dans la nature plutôt que de vous laisser guider par l'information délibérément faussée qui est maintenant fournie par les planificateurs de l'esclavage. Si une certaine élite se sert allègrement de l'énergie de compétition et d'avarice pour arriver à ses fins, elle est tout de même grandement stimulée par la provision intentionnelle d'information visant à réduire les masses à l'esclavage.

Chaque membre engagé et concentré sur le projet du nouveau paradigme doit pratiquer le discernement à mesure qu'il prend conscience du tableau dans son ensemble et qu'il devient de mieux en mieux informé. Il ne doit pas se perdre dans l'énormité et le détail du plan de l'opposition. Il doit conserver ce savoir à l'arrière de son champ de conscience pendant que sa concentration se porte sur le nouveau paradigme désiré. Il y aura bien sûr quelques lectures attentives portant sur les activités et les plans de l'équipe adverse – simple curiosité, mais il faudra les garder en perspective. Le nouveau paradigme doit être tenu à l'avant-plan de la conscience afin qu'il puisse se manifester comme la bénédiction qu'il est sensé être.

Chapitre 37

Le plan visant à réduire l'humanité à l'esclavage se déroule bien et il s'enligne vers son objectif apparemment inévitable ; le genre humain dans son ensemble chemine en trébuchant sur cette voie sans issue. Il est difficile d'inclure dans ces messages l'information qu'il vous faut absolument savoir sans déclencher la peur. Mais la peur est un outil des plus efficaces pour attirer l'attention et ils entendent l'utiliser à son maximum de potentiel pour choquer les gens et les réveiller complètement. Il est donc nécessaire que le plan pour le nouveau paradigme inclue l'utilisation à son avantage de cet épisode planifié. En d'autres termes, nous devons détourner cette charge énergétique et l'intégrer à notre plan de redonner à l'humanité sa place légitime dans le flot de la Création. Pour y arriver, il doit y avoir un groupe principal d'êtres humains dédiés, déjà éveillés et conscients, qui ont progressé au travers de leur peur potentielle et qui sont bien en contrôle de leurs modes de comportement réactifs. Ces gens doivent être capables de transcender la réponse organisée et d'atteindre rapidement le mode d'observation et de le maintenir. Sans cette habileté, ils n'auront pas la capacité et la compétence pour accomplir leur mission qui sera cruciale à ce moment-là. De même que ceux qui choisissent de prendre part au plan sombre se donnent la peine de le connaître, vous devez également le connaître car c'est un composant nécessaire de la fondation sur laquelle repose la construction du nouveau paradigme ; cela permettra au mode observateur de devenir une expression de sagesse.

Il sera facile de se replier sur les réactions émotives. Cependant, les émotions ne doivent pas être le facteur de contrôle. La création est logique ! Par conséquent pour créer, pour amener un nouveau paradigme d'expérience en réalité, ceux qui le font doivent rester logiques. Ce ne serait certainement pas logique d'accomplir cela en réagissant tel que les planificateurs le veulent. Il devient alors nécessaire qu'il y ait un nombre crucial d'êtres humains qui s'élèvent au-dessus de leur inclination naturelle à faire partie de la réaction collective projetée. Pour y arriver, ces individus auto choisis, individuellement ou en petits groupes, verront qu'il est nécessaire d'être informés autant que possible sur les plans adverses. Ils devront absorber leurs sentiments en regard de ces plans, sachant très bien qu'ils doivent procéder ainsi pour atteindre le mode d'observation en toute sagesse. C'est à travers cette capacité d'observation que les décisions claires et logiques peuvent être prises sur le champ et non rétrospectivement, quand il est trop tard pour accomplir ce qu'il aurait été possible de faire au moment précieux, maintenant perdu.

L'information nécessaire peut être passée rapidement dans des petits groupes de discussion. Vous avez encore la liberté et les moyens de faire des recherches – livres, émissions de radio, télé et Internet – et de partager vos trouvailles. Vous devez considérer dans vos échanges que les plans qui sont révélés ne sont pas comme les morceaux plats d'un puzzle qui s'emboîtent parfaitement ensemble mais plutôt comme les morceaux d'un puzzle holographique. Les puzzles en bois ou en plastique qui forment une sphère quand ils sont assemblés correctement illustrent bien ce concept de l'hologramme. Ils sont plus difficiles à réussir que les puzzles plats et leur complexité illustre l'ampleur du plan qui s'est étalé sur des centaines d'années pour amener tellement de monde au point voulu. L'épisode en cours illustrera également combien un plan structuré à l'intérieur du flot de Création peut transformer, comparé à un autre qui ne l'est pas.

La difficulté à laquelle font face les messagers de création – c'est-à-dire tous ceux qui se sont engagés dans le projet du nouveau paradigme – réside dans le profond changement de conscience qu'ils doivent opérer et qui consiste à passer de l'attitude de la victime à celle de l'individu qui assume son pouvoir personnel. Il semble que l'être humain programmé soit prêt à abandonner des croyances profondément ancrées seulement s'il fait face à des circonstances désespérées, même si l'expérience de ces croyances ne lui a pourtant pas apporté les bénéfices promis. Pratiquer ces croyances et s'y accrocher les amène de plus en plus creux sur une spirale descendante, puisqu'ils s'entêtent à ne pas comprendre que l'utilisation à répétition d'un comportement qui ne produit déjà pas les résultats escomptés ne le fera pas produire les résultats voulus pour autant. La peur de l'inconnu les enferme dans un comportement improductif, ce qui illustre le caractère limitatif de l'attitude de victime qui est encouragée au maximum dans cette grossière exploitation et cette dégradation des êtres humains sur Terre

La question que nous posons à chaque lecteur de ce matériel est celle-ci : demeurerez-vous avec le groupe qui s'en va directement vers une misérable mort inévitable ou avec les survivants qui seront mis en esclavage après avoir été altérés encore davantage, ou grimperez-vous sur les hauteurs rocheuses pour observer ? Une fois sorti de la conscience collective – qui est vraiment un manque de conscience – la mission prend deux aspects : en rassembler d'autres qui veulent prêter main forte et ensemble, donner naissance au nouveau paradigme. Espérons que la complexité sera évitée et la simplicité, strictement adoptée. C'est la complexité qui éparpille la concentration. Plus l'objet de la concentration est simple, plus la manifestation se produit rapidement. De plus, ceux qui ne répondent pas rapidement à l'information doivent être relâchés et autorisés à rester là où ils sont. La graine est plantée et ils peuvent encore suivre à un moment plus approprié.

N'essayez jamais de convaincre quelqu'un. Comme le si beau personnage du conte de Jean Giono « L'homme qui plantait des arbres », plantez et allez vers le prochain contact qui vous semble approprié. Bien que le résultat ne soit pas toujours visible aux yeux du planteur, il est tout de même assuré par la loi des moyennes. Vous pratiquez la Loi du laisser-être en laissant chaque personne contactée aller vers sa propre destinée. Lorsque les gens n'auront pas à défendre leur zone de confort, ils laisseront leur logique parler plus fort que leurs émotions. Et peut-être, chercheront-ils alors le planteur lorsqu'il leur apparaît évident qu'ils n'ont pas à défendre leurs croyances.

Le désir d'une solution venant de la conscience intuitive qui sent que quelque chose ne tourne pas rond est une excellente occasion pour introduire un nouvel archétype ou mode d'expérience idéal. La médaille a deux faces ; si l'une d'elles présente un désastre menaçant, l'autre par contre, présente l'opportunité de ce que vous appelleriez le paradis sur Terre, un « espoir » présent dans toutes les religions. Il semblerait que l'occasion d'être instrumental auprès des gens afin de leur permettre de faire l'expérience de ce rêve devenu réalité soit un objectif qui en vaille la peine. Réfléchissez soigneusement à cette offre ; le choix se situe à l'intérieur de la logique et de l'émotion.

Chapitre 38

L'occasion offerte dans le cadre de ce projet est à niveaux multiples ou de qualité multidimensionnelle. Tous les niveaux ou dimensions de l'aptitude humaine sont mis à profit dans cette entreprise qui consiste à modifier la perception humaine de l'expérience car il s'agit bien là pour ceux qui s'impliquent de transcender, c'est-à-dire de passer du point d'expérience actuel au prochain niveau ou dimension. Le mot dimension est celui que nous préférons car c'est un concept plus holographique. Niveau désigne quelque chose de plat. Vous ne faites pas l'expérience des événements qui constituent votre incarnation comme s'ils étaient plats ou étagés. C'est l'addition de l'émotion qui ajoute sa qualité dimensionnelle à la conscience manifestée. (Soit dit en passant, il y a des êtres pour qui les émotions ne font pas partie de leur expérience et ils désirent grandement ajouter cette dimension à leur modèle d'expérience.) Il est important que le concept de dimension vous devienne familier et qu'il soit inclus dans la conceptualisation du nouveau paradigme.

Il est également vital de bien clarifier le concept du corps/ intellect/esprit humain. La conscience d'exister dans l'expérience manifestée est aussi dimensionnelle. Certains animaux n'ont que la conscience d'exister au moment présent. Pour eux, il n'y a pas de passé ou de futur car ils sont incapables de retenir ces mémoires en détail. Leur survie dépend de ce qu'on appelle la conscience instinctuelle et elle est directement rattachée aux actions et réactions de survie. L'humanité a grandement frustré la plupart d'entre eux en les domestiquant car leur besoins instinctuels ont été négligés en les privant au moins partiellement de leur liberté, de leur diète naturellement variée et plus récemment, en leur offrant un confort plus approprié aux humains qu'aux animaux à fourrure.

Le corps humain est un composite de corrections apportées à des expériences antérieures qui produisaient des modes limités d'expérience physique. À l'aide de leçons apprises, un modèle fut conçu qui avait la capacité d'évoluer en passant par de multiples dimensions d'expérience. Le corps humain fut conçu pour accompagner la conscience à mesure qu'elle changerait d'expressions. Il fut également conçu de manière à ce que la conscience puisse y entrer et en sortir. En d'autres termes, la conscience n'allait pas devoir cesser d'exister si le corps était détruit par accident ou par manque d'entretien adéquat. Ce que vous appelez la maladie est en fait une maintenance inadéquate. L'aptitude à venir habiter le corps ou à en sortir était une exigence reconnue car le potentiel du corps humain est si illimité que ses capacités d'adaptation dépassent ce que les âmes sont capables de comprendre au cours d'une vie.

Il est important que le lecteur comprenne à fond que la conscience n'est pas le corps mais qu'elle est simplement logée dans le corps pendant ses heures d'éveil. Elle peut quitter le corps et elle le fait quelquefois pendant ses heures de sommeil, sous anesthésie et durant des périodes traumatisantes de perte de conscience. La conscience peut se rendre compte de cette séparation et elle peut s'entraîner à quitter consciemment le corps. Parmi ceux qui ont cette capacité, certains sont utilisés sur une base régulière par l'autre équipe pour visiter intentionnellement certaines personnes et être témoins de certains événements ; c'est seulement leur conscience/ esprit qui se déplace. Ils peuvent ainsi faire un rapport sur ces activités ou ces personnes à l'équipe sombre qui les emploie. De même que le corps physique peut accomplir des exploits impressionnants s'il reçoit un entraînement par la gymnastique et autres sports exigeants, de même la conscience peut-elle être exercée et formée pour faire ce que la plupart considérerait comme difficile à croire. Chacun peut donc commencer à saisir que « l'être humain moyen » sur la planète est grossièrement ignorant de son potentiel. Ces limites sont soit volontaires en raison de pensées glanées et de système de croyances, soit causées par des altérations/mutations génétiques qui se répercutent dans les aspects physiques ou mentaux. En outre, les gens sont limités par leur incapacité de maintenir le corps physique en bon état par de l'exercice adéquat, de l'air pur, de l'eau pure et une bonne alimentation (aliments entiers).

La technologie appliquée correctement est une bénédiction pour le genre humain. La technologie guidée par la compétition avec l'intention de créer des profits aux dépens des autres mène à l'avidité. En vertu de la Loi d'attraction, cette exploitation intentionnelle attire à ceux qui s'adonnent à de telles pratiques leur juste rétribution ou compensation égale. Lorsque ceux qui sont impliqués réalisent la vérité sous-jacente à ces rétributions et qu'ils modifient leurs intentions et leurs actions, le degré de l'expérience attirée changera conformément au degré de changement. Il est important de bien comprendre que les lois de l'univers travaillent parfaitement, que quelqu'un en soit informé ou non. Elles sont en place, tout simplement ! Vivre en harmonie dans leur cadre constitue le paradis sur Terre. Efforçons-nous de coopérer pour ancrer délibérément la vérité dans la conscience collective du genre humain et pour donner naissance au nouveau paradigme dans l'expérience humaine sur cette planète.

Chapitre 39

Les concepts contenus dans ces messages commenceront dès la première lecture à transformer la perception de ceux qui résonnent avec les solutions proposées. Il est évident que les guerres de l'opposition contre la pauvreté, le crime, le cancer et les drogues ont produit peu de résultats positifs, s'il en est. Le but conceptuel de la guerre est de contrôler un autre groupe d'êtres humains et de s'approprier leurs possessions. Si ce concept est appliqué aux guerres contre la pauvreté, le crime, le cancer et les drogues, il est possible de voir comment ces guerres s'intègrent parfaitement aux plans démoniaques pour manipuler et contrôler plus facilement de l'intérieur en obtenant le consentement de ceux qui sont les victimes projetées. Les « bonnes intentions » agissent comme par magie pour amener les gens à focaliser sur l'objectif des forces sombres ; c'est la Loi d'attraction en action. Ainsi, de larges portions de la population se trouvent à sauter à pieds joints dans l'expérience planifiée par le simple fait de s'opposer en pensées et en gestes aux situations et circonstances qui leur font peur.

On peut donc conclure que cette approche guerrière ne pourrait amener le nouveau paradigme à se manifester. Il est impératif de comprendre qu'un virage de 90 degrés ou tout autre virage qui ne mesure pas 180 degrés – c'est-à-dire un virage complètement opposé à la situation actuelle – ne marchera pas. Ceux qui prennent la décision de s'engager à faire naître le nouveau paradigme doivent en faire leur point focal principal. Ce sur quoi l'équipe adverse se focalise doit être gardé dans le champ de vision périphérique. Quand vous faites complètement face à leurs plans et leurs actions et que vous les embrassez avec crainte, cela leur donne le support énergique désiré et les aide grandement à accomplir leurs buts. Il est important que vous soyez informés mais vous devez rester concentrés sur le plan qui vous va comme un gant, le gant de la création qui attend simplement que le genre humain y glisse la main.

Les symboles joueront un rôle important dans la capacité de rester positif. Ils sont utilisés depuis des milliers d'années comme point de concentration pour permettre aux individus d'acquérir compréhension et interprétation personnelle à l'intérieur d'un concept de base. Cela invite l'engagement libre plutôt que la résistance qui jaillit lorsque les idéologies et les dogmes sont strictement structurés. La conscience de soi désire la liberté et elle est attirée vers une structure simple qui tient compte de la liberté. C'est la structure simpliste des États-Unis qui attira des émigrants de partout à travers le monde parce qu'elle offrait des libertés dont on ne pouvait que rêver dans les vieux pays. Cependant, la valeur de l'occasion contenue dans cette structure ne fut pas honorée par les générations subséquentes. Lois et règlements sont venus murer et barricader cette occasion en or et l'affaiblir petit à petit. L'avidité et la supercherie constituent le mortier qui tient ces briques et ces barres en place et ses citoyens en esclavage. Tout cela est accompli lentement et intelligemment. Les citoyens en général s'adaptent et remarquent à peine ce qui se passe ; d'une génération à l'autre, on accepte les choses comme elles sont ainsi que les changements progressifs introduits pendant la durée d'une vie.

L'opposition est intelligente et insidieuse, patiente et bien organisée et ses conseillers possèdent une grande technologie. La situation est décidément grave. Ceux qui peuvent assembler les morceaux du puzzle et en voir le sérieux ont l'occasion de choisir le résultat éventuel. Le timing est tel que l'occasion de changer ne serait-ce que le résultat entrevu est passée depuis longtemps. La séquence des événements est arrivée au point où il est impossible de revenir à l'occasion antérieure en réparant simplement les dégâts. Le plan présenté dans ces messages et l'engagement focalisé et délibéré d'un grand nombre d'individus peuvent accomplir et accompliront l'objectif visé. Cela exigera de transcender les vieux systèmes de croyances et de les laisser derrière aux mains des planificateurs démoniaques. Ces croyances ont été conçues par eux pour les servir. Plus tôt les messagers engagés réaliseront cette vérité et y feront face, plus tôt le scénario en cours prendra fin. Le nouveau paradigme fera surgir un nouvel ensemble de systèmes de croyances pour servir l'humanité et non les maîtres d'esclaves. Leurs outils actuels – concept limité de gouvernement, religion et guerre – doivent être laissés derrière, dans leur sac de ruses. Il faut laisser les magiciens se jouer des tours entre eux, et ailleurs.

Voilà justement un indice de ce qui fait partie du passé de la Terre et de son présent. Elle fut et elle est encore un de ces lieux qui constituent « l'ailleurs » (le lieu de déportation) de certains indésirables. Est-ce que toute l'humanité fut envoyée ici à cause de mauvaise conduite passée ? Pas nécessairement ; ils sont nombreux ceux qui risquent l'incarnation ici pour avoir l'occasion de s'élever au-dessus (transcender) du mode de comportement négatif et ils réussissent. Beaucoup ne réussissent pas et se retrouvent emmêlés dans les circonstances de la crise actuelle. La manifestation réussie du nouveau paradigme changera non seulement l'avenir de la plupart des habitants de ce monde mais elle libérera la planète de la tâche qui lui fut assignée.

Il est nécessaire que chaque individu considère sérieusement ce choix et qu'il prenne une décision basée prudemment sur ses émotions et sur sa logique. Ces deux modes d'expérience seront activement requis en tandem et en synergie. Chacun soutiendra l'autre dans les moments de doute et de frustration, quand les changements n'arriveront pas assez rapidement ou que les résultats apparents ne rencontreront pas les attentes. Le désir de secourir celui qui souffre sera grand et des victimes seront paradées devant vous par l'entremise de tous les types de médias disponibles, dans le but de garder tout le monde enfermé à clé dans l'attitude mentale de victime. Le mode de l'observation accompagnée du laisser-être (non-intervention) doit être maintenu solidement à l'avant-plan de la conscience pendant que le nouveau paradigme se manifeste et qu'il apporte la solution ultime à une situation critique. Si vous perdez votre concentration, reprenez-vous rapidement. Regarder un symbole significatif ou se le rappeler est la façon la plus facile de retrouver sa concentration.

Est-ce que tous ceux qui résonnent à ces messages et s'engagent seront capables de conserver leur concentration ? Le succès du projet dépendra du participant ferme et persistant. Chacun doit regarder en lui-même pour déterminer si son évolution et son adaptation génétique sont telles qu'un engagement de cette magnitude est possible, plausible et suffisamment noble pour lui permettre de découvrir s'il a les traits de caractère nécessaires. Il est certain que chacun qui s'engage le découvrira !

Chapitre 40

Les messages paraissent faire état de pré requis apparemment surhumains. De même que peu de gens démontrent le potentiel du corps physique, également très peu d'entre eux explorent les capacités de la concentration mentale. L'humain en devenir a une potentialité d'expression dans ses aspects physique, mental, émotif et spirituel. Les êtres humains ont tendance à ne poursuivre qu'un ou deux de ces aspects à la fois. Il est possible d'accomplir un développement équilibré des quatre aspects à l'intérieur d'une vie. De cette manière, chaque aspect supporte l'autre dans l'équilibre menant à une expérience harmonieuse. Cela commence avec une compréhension croissante des lois universelles et de leur application, en plus de reconnaître les occasions variées d'insérer des variations de la déclaration « Je suis un humain en devenir, aidez-moi à devenir ! »

Insérer cette déclaration dans toute situation où elle s'applique permet d'utiliser la concentration mentale pour provoquer un changement dans les énergies d'une situation. Cette expérience du pouvoir de la concentration mentale et ce qui en résulte si elle est bien en foyer permettra à chacun de transformer sa connaissance en sagesse en s'octroyant du pouvoir personnel. L'usage de cette simple déclaration démontre que la conscience se prend elle-même en charge. Une modification de la perception de la conscience permet également une modification de la situation immédiate. Autrement dit, quand une situation est perçue de manière différente, elle est transformée. Chaque situation est ce qu'on en perçoit. Tous les participants à une même situation offriront chacun un point de vue qui leur est particulier ; une situation est donc en réalité un ensemble de situations qui se passent simultanément.

Le temps n'existe pas vraiment. C'est un concept mis en place par le mental ou l'ego enregistreur pour lui permettre de percevoir, d'analyser et d'enregistrer les événements. Dans la mesure où l'énergie vibre à un taux très lent en 3e dimension, ce procédé se déroule tellement lentement qu'il paraît être en ordre séquentiel, de telle sorte que le processus de l'enregistrement ne donne pas l'impression d'être chaotique. Il est nécessaire que cela soit compris afin que le concept du nouveau paradigme soit bien reçu par les intéressés lorsqu'il fera surface dans le champ conscient. Quand suffisamment de foyers pensants exprimeront le désir de créer cette expérience pour eux-mêmes, elle débutera son processus de manifestation dans le cadre du flot d'énergie de pensée créatrice. Le nouveau paradigme existe déjà, littéralement, c'est juste que le courant d'énergie est si lent qu'il n'est pas perçu ou n'arrive pas dans l'expérience de la 3e dimension avant que la somme des oscillations vibratoires atteigne le total nécessaire pour le manifester en une expérience réalisée.

Si chacun comprend la densité de l'espace qui entoure la Terre et le taux vibratoire lent des êtres humains qui vivent leur expérience dans cet espace, il devient possible de saisir pourquoi le processus paraît dépendre du facteur temps. En termes excessivement simples, le processus de la pensée voyage vers l'extérieur dans l'énergie fluide du flot créateur à une allure beaucoup plus rapide qu'elle ne revient en tant que réalité manifestée. Le processus de pensée concentrée, lorsqu'il est alimenté par les mouvements de l'émotion, se déplace rapidement à travers l'énergie créatrice. Alors que la pensée quitte le champ d'énergie dense, elle devient plus fine ou vibre plus rapidement. C'est sur le voyage de retour, pour ainsi dire, que son taux d'oscillation s'abaisse, qu'elle ralentit, pour produire la manifestation. La Loi d'attraction attire l'objet de la pensée concentrée « qui avait été envoyée dans le champ d'énergie créatrice » pour le ramener au point d'origine. Quand le point d'origine vibre à un taux plus lent, l'objet semble se manifester très lentement dans le temps. Si la concentration est retirée ou suffisamment affaiblie durant cette expérience séquentielle, le procédé d'attraction magnétique avorte.

Nous venons de vous expliquer en termes rudimentaires faciles à comprendre comment la naissance du nouveau paradigme est entièrement possible. Vous pouvez également comprendre qu'une fois que les planificateurs du prochain « âge de noirceur du genre humain » connaissent ce plan et le voient se dérouler, leur attaque pour en arrêter la progression sera intense. Cela exigera des individus engagés et une rotation de petits groupes de soutien pour garder intacte la concentration nécessaire pour amener la manifestation à se réaliser. L'attitude de résistance détruira toute chance de succès. Le laisser-être, si difficile soit-il, devra être pratiqué et le foyer maintenu, sachant que le nouveau paradigme existe maintenant et non pas quelque part dans un avenir lointain. Savoir cela sans toutefois le percevoir dans l'expérience courante exigera un dévouement sincère. Faire l'expérience de cette vérité jusqu'à la transformer en sagesse offrira aux êtres humains qui sont capables de le faire le cadeau de devenir à un taux vibratoire jusque-là inconnu dans les annales de l'évolution de la conscience.

Avec l'appui du changement des cycles et ces points de conscience bienveillants qui non seulement connaissent la situation et la comprennent, mais qui offrent aussi tout le soutien possible, ce projet est garanti, si le quotient humain nécessaire peut être atteint. Le personnel au sol est en place et l'occasion est certainement disponible. Allons-y !

Chapitre 41

Le changement de perspective que le lecteur acquiert à mesure qu'il lit ces messages et qu'il y réfléchit lui permet d'échanger de vieilles perceptions pour des nouvelles et d'escalader le roc jusqu'à son sommet ; ainsi, chacun discerne d'un point de vue nouveau et différent. Le point de vue changera encore avec chaque nouvelle lecture et chaque réflexion. Le système de croyances se modifie et permet aux mêmes mots imprimés de stimuler une reconnaissance différente de la réalité que chacun crée pour lui-même. C'est le flot naturel de l'expérience de la vie évolutive. Les planificateurs de l'esclavage essaient sans arrêt de contrecarrer cette inclination naturelle en utilisant toutes les méthodes de contrôle possibles. Le gouvernement et la programmation des médias sont leurs agents de contrôle principaux au niveau mental. La peur est leur outil principal au niveau émotif. Les guerres et les maladies provoquées qui vont main dans la main avec les traitements médicaux destructeurs sont les mécanismes de contrôle au niveau physique. La religion, elle, contrôle le niveau spirituel d'expérience et entre en interaction avec les trois autres niveaux.

Le rôle de la religion est de contenir et d'empêcher la conscience humaine en développement d'arriver à évoluer ; sa méthodologie est conçue pour tenir le but continuellement hors de portée du moment présent. L'humanité a été poussée à croire une contradiction totale. La réincarnation est niée mais une vie de souffrance et de sacrifice sera récompensée après la mort ou peut-être bénéficiera-t-elle aux générations futures. Où est la logique dans ce concept ? Le cosmos ne pourrait certainement pas exister s'il n'était pas logique ! Les lois universelles qui sont sous-jacentes à tout ce qui existe sont absolument logiques ! Par conséquent, la cosmologie de l'humanité doit être logique et compréhensible afin que le genre humain puisse progresser à l'intérieur de cette cosmologie, maintenant ! Les planificateurs de l'esclavage l'ont si facile quand les individus qui désirent l'évolution se font embobiner par la religion avec ses édits illogiques et contradictoires qui sont vendus pour des vérités basées sur la « foi ». Adopter des concepts illogiques, c'est comme de cadenasser les portes et fenêtres de la prison de l'intérieur et de glisser les clefs sous la porte, aux geôliers. C'est comme de demander au loup de garder les moutons. Est-ce que tous les concepts religieux sont faux ? Certainement pas ! Il y a beaucoup de vérité contenue dans les doctrines de toutes les religions mais chacune d'elles présente de nombreuses distorsions et de pures inventions. Cela fut fait avec intention pour tromper les gens et les contrôler.

Au début de ces messages, nous avons affirmé que cette affaire de l'existence d'un dieu était un canular. C'est vrai ; mais espérons que la perception de ce qu'est vraiment « Dieu » s'est transformée à la lecture de ces messages. L'humanité a été poussée par exprès à personnifier la potentialité qui s'exprime dans la Création. Pourtant, cette potentialité n'est pas un être tout-puissant à l'extérieur de vous. C'est une présence qui exprime les facettes de sa personnalité par le biais du processus de création ; elle se divise en unités (fragments) conscientes d'elles-mêmes et elle leur offre tout ce dont elles ont besoin pour reconnaître et révérer leur propre potentialité et découvrir comment s'octroyer ce pouvoir. Sur le voyage de retour, un processus contraire à la fragmentation prend place : c'est un rassemblement. La Loi d'attraction attire et regroupe ces unités séparées conscientes qui « aiment » la poursuite d'un but semblable ou commun qui révère la Création dans son ensemble. Elles forment alors des unités conscientes plus grandes mais chacune d'elles retient tout de même sa conscience individuelle. L'évolution prend un joyeux élan car il y a accord et coopération et non pas compétition ou friction.

Il est peut être maintenant évident que ni l'attitude de victime ni l'attitude asservissante ne remplissent les conditions précitées pour le voyage de retour. Les deux vibrent au taux le plus bas de l'existence humaine. Ceux qui occupent les « échelons » supérieurs de la conscience asservissante ont trouvé qu'il était très frustrant d'avoir affaire à un groupe comme les Terriens. Depuis, ils ont « manufacturé » un modèle d'esclave plus satisfaisant. Les émotions ont été laissées en dehors du design ; il est facilement programmé ; son taux vibratoire le tient en dessous de la possibilité de faire évoluer sa conscience ; son processus de pensée est rudimentaire et lent de même que sa capacité à s'adapter. Le coût en ressources pour le maintenir est très bas comme il n'y a pas de reproduction à contrôler. Le clonage le reproduit lorsqu'on en a besoin. Mais l'humanité offre quelque chose que le nouvel esclave n'offre pas : un divertissement stimulant !

Est-ce que cela vous fait plaisir d'apprendre que votre conscience de victime est considérée comme un divertissement stimulant ? Nous ne pensons pas. Il est temps de laisser tomber ce scénario et d'en écrire un autre qui apportera la liberté et mettra fin à la « longue souffrance » que cette branche de l'humanité s'est forcée à endurer. Il est temps d'endosser le rôle de l'équipe gagnante. Il est temps de s'emparer de la carotte offerte par toutes les religions que les asservisseurs vous ont concoctées. Il est temps de mettre le nouveau paradigme au monde. Il est plus que mérité.

Chapitre 42

Nous avons mentionné dans les messages précédents l'approche d'une période de chaos. Nous n'en avons pas discuté les détails. C'est difficile à faire puisque ce qui se manifestera et à quel degré il le fera sera déterminé par l'acceptation ou le rejet du concept de nouveau paradigme, par quelles personnes et par combien d'entre elles. Pour approcher le sujet, il est nécessaire de comprendre que ces messages ont pour but exprès de donner à l'humanité le pouvoir de transcender, de traverser les événements actuels et ceux qui se rapprochent, pour aller vers un nouveau niveau d'existence. Cela ne peut pas se faire si l'attention est centrée sur les événements actuels et ceux qui vont de plus en plus vous encercler. La peur est si ancrée dans la psyché des Terriens qu'il faut peu de chose pour la déclencher. Le but de ces messages n'est pas de faire naître la peur car cette dernière est un puissant outil pour démolir le pouvoir d'un être.

Il est impossible de comprendre pourquoi « Dieu permet à cette branche de l'humanité de souffrir » sans comprendre les mécanismes de la Loi d'attraction. Les consciences de victime et d'oppresseur sont les deux faces de la même médaille. Elles existent au niveau le plus bas de l'échelle vibratoire de l'expérience de vie manifestée et les deux s'attirent avec une grande force magnétique. Comme la conscience en évolution s'efforce de convertir sa connaissance en sagesse, elle revient encore et encore pour se libérer de ce piège particulier. Toute une gamme d'expériences se situe entre ces deux modes d'expression que vous avez tous utilisés à différents niveaux. La conscience collective planétaire non seulement contient cette dualité mais elle l'attire également de d'autres systèmes solaires de la galaxie. Donc, des étrangers viennent sur Terre et ils contribuent leur part dans la situation actuelle. Selon vos méthodes de calcul du temps, ceux que vous appelez les extraterrestres sont impliqués depuis des milliers d'années. Leur participation s'est étalée sur une période de temps suffisamment longue pour que certains d'entre eux évoluent au-delà de ce mode d'expérience ; ils sont maintenant engagés à corriger les résultats de leur participation antérieure avec les Terriens. Dans la mesure où ils ont transcendé le mode victime/ oppresseur, il est de leur sagesse d'aider l'humanité si cette dernière veut bien accepter l'aide disponible.

C'est donc avec trépidation que nous mentionnons ici les scénarios organisés des oppresseurs/faiseurs d'esclaves qui restent. Puisqu'il y a beaucoup de matériel disponible sur ces sujets, libre aux intéressés d'examiner l'information offerte à la radio, sur les sites Web, dans les livres, les magazines, les journaux et lors de nombreuses conférences ou conventions. Il est extrêmement important que l'individu prenne connaissance de l'information choquante disponible à partir de ces sources sans toutefois demeurer pris dans le traumatisme qu'elle peut engendrer car ce serait fatal, non seulement pour l'individu, mais pour le projet du nouveau paradigme.

Le nouveau paradigme est le seul chemin disponible qui a des chances de traverser ce dilemme avec succès. L'approche la plus saine est de faire rapidement les plans et les préparations logiques appropriés en listant et en complétant les étapes nécessaires pour faire face à ces possibilités plutôt que de continuer simplement à traiter l'information en mode de panique et de traumatisme. Non seulement une telle attitude soulagera le traumatisme mais elle fera ressortir le pouvoir personnel qui transcende les sentiments de victime que ces événements sont conçus pour engendrer.

La Loi d'attraction fonctionne ! Le fait que les citoyens des États-Unis et d'autres pays aient appuyé les attaques sur les pays arabes et ailleurs attire vers eux la probabilité d'une expérience semblable. Les médias ont fourni toutes sortes de raisons illogiques pour ces attaques qui n'étaient pas officiellement sanctionnées par les représentants élus mais qui avaient tout de même leur consentement et le consentement muet insensé de la population dans son ensemble. Le discernement fut laissé aux représentants dont l'influence est achetée et qui sont contraints à l'obéissance. Pleurnicher que vous ne saviez pas ne veut rien dire pour les gens, morts, mourants et misérables qui vivent la situation qu'on leur a refilée. Ils sont les victimes et « vous, les insensés », vous êtes les abuseurs par défaut et vous devez recevoir votre juste dû comme le veut la Loi d'attraction. Ce ne sera pas agréable. Qu'est-ce que vous pouvez faire pour changer cela ? Changez d'avis et retirez votre consentement à ces actions à l'intérieur de votre propre conscience. Ouvrez vos yeux et vos oreilles aux tromperies qui vous entourent et jurez de créer une nouvelle expérience pour tout ce qui vit sur cette planète.

Il n'y a qu'une race sur cette planète et c'est la race humaine. Les variations d'apparence et de systèmes de croyances ne sont rien. Les extraterrestres sont des visiteurs qui n'ont aucun désir de vivre ici ; ils ne veulent que l'aventure de continuer à vous tenir en esclavage. Ils sont tout à fait au courant que la planète ne peut pas endurer longtemps la surpopulation qu'ils ont encouragée afin de jouer à leur jeu de guerre et de parfaire leurs outils d'annihilation. Pour eux, l'humanité et la Terre sont des jeux de réalité virtuelle comme vos enfants, petits et grands, en utilisent. [Note de la traductrice : Voyez les films « Le 13e étage » (The 13th floor) et « La matrice » (The Matrix), deux excellentes démonstrations des jeux de réalité virtuelle dont nous faisons l'objet.] Il est plus que temps de vous réveiller et d'endosser vos responsabilités pour mettre un point final à leur jeu. Bienvenue dans le vrai monde qui vous encercle à l'heure actuelle et qui est sur le point de vous engloutir à moins que vous n'agissiez tout de suite.

Chapitre 43

Ces messages ne sont rien de moins qu'un appel au clairon. Ils sont formulés de manière à résonner dans le cœur et l'esprit de chaque Terrien. La matière offerte déclenchera un processus interne qui permettra à chacun qui embrasse les possibilités que nous présentons ici, d'établir un point de vue privilégié à partir duquel il pourra mesurer la progression de sa propre transition. Si chacun veut bien comparer ses points de vue sur les événements mondiaux qu'il entretenait par le passé avec ceux qu'il a maintenant, il pourra constater une différence considérable dans sa capacité à discerner les tours de passe-passe du magicien. De plus, il verra ce que cela signifie de retrouver son pouvoir personnel à l'intérieur de sa propre expérience et dans ses relations avec les autres. Comprendre les attitudes de soumission, d'assertion et d'agression fait toute la différence. C'est par l'application des lois universelles qu'on en arrive à l'équilibre et l'harmonie, le point milieu de l'expérience. Une fois qu'on connaît ce point d'équilibre, il devient alors plus facile de se rendre compte qu'on le perd lorsqu'on penche trop vers un des pôles. Les religions actuelles enseignent que la « bonté » est l'idéal. L'équilibre ne se trouve pas dans les extrêmes d'aucun des deux pôles. Il vous faut apprendre à discerner où se situe une expérience par rapport aux pôles, et où mène-t-elle dans le jeu entre ces pôles. C'est là que se trouve la sagesse.

Le nouveau paradigme arrivera en manifestation lorsqu'un quota suffisant de Terriens s'identifieront avec ses principes. Ces gens se concentreront sur leur devenir, sans l'agressivité de l'oppresseur qui force ses idéaux sur ses compagnons humains, et sans la soumission de la victime qui s'empêche volontairement de participer, assumant que les autres accompliront le nécessaire à sa place. Le participant idéal utilisera la première loi universelle, l'attraction, qu'il combinera à la deuxième, l'intention délibérée, pour manifester le nouveau paradigme, partageant activement ses concepts avec d'autres et permettant au processus de suivre son cours en soutenant fermement l'intention dans sa propre conscience. Il continuera de maintenir rigoureusement cette concentration alors que le monde et les événements personnels traverseront leur période chaotique de démantèlement du système de l'heure pour faire place au renouveau.

Malheureusement, le renouveau ne peut pas se surimposer aux systèmes de croyances actuels qui sont si fermement ancrés. Ce sont eux qui, combinés ensemble, produisent le fleuve d'événements désastreux. La croyance dans les répétitions d'expérience passée de guerre, de peste, de maladie et de morts douloureuses en tant que fin adéquate d'une vie de victime et de sacrifice pour obtenir une future récompense est rigoureusement préservée et constamment nourrie par les planificateurs d'une autre série de leurs jeux en réalité virtuelle.

Ceux qui sont réellement soucieux de votre bien-être tentent de vous rejoindre par le biais de ces simples messages afin de contrecarrer la programmation manipulatrice délibérément implantée dans la psyché individuelle et collective de l'humanité et qui dure littéralement depuis des milliers d'années. Nous plaçons dans ces messages une bien grande attente ; nous nous efforçons d'atteindre ceux qui sont à un stade d'évolution où ils résonnent aux vérités que les messages contiennent. La réalisation de la futilité de continuer à vivre selon ce vieux modèle qui permet aux autres d'écrire toutes les règles du jeu déclenche l'émotion et l'engagement à faire partie de l'élan qui mènera vers un nouvel objectif.

De même que plusieurs individus peuvent participer à un même événement, le percevoir et en faire l'expérience chacun à leur façon, de même y aura-t-il une multitude de perceptions de ce que sera l'expérience du nouveau paradigme et chacune d'elles embrassera et accomplira le même but. Autrement dit, chacun fera l'expérience du nouveau paradigme à sa manière lorsqu'il sera né. Si sa représentation devait être totalement définie, nous nous retrouverions encore avec un système fermé et asservissant.

Dans le cadre des lois de l'univers, ce que vous appelez l'éthique et la moralité sont des concepts limités. Tous et chacun arrivent à percevoir l'intention délibérée individuelle dans les dimensions plus hautes, celles-là mêmes que vous voulez atteindre en vous servant d'un nouveau paradigme pour abandonner l'expérience vibratoire trop basse dans laquelle vous vivez actuellement. Il n'est habituellement pas possible de tout distinguer en détails aux niveaux vibratoires plus bas. Mais la malhonnêteté et l'intention agressive se reconnaissent et ceux qui ont ce niveau d'intention ne rencontrent que ceux qui ont des intentions similaires et c'est avec eux qu'ils entrent en interaction. S'il n'y a pas de victimes mais seulement un groupe d'agresseurs avec qui entrer en interaction, il n'y a aucun jeu. Bien entendu, ces formes-pensées tenaces tendront à réapparaître au début de votre démarche de création ; cependant elles disparaîtront vite au fur et à mesure qu'elles seront identifiées.

Est-ce que les dimensions supérieures manquent de défi ? Pas du tout ! Les défis deviennent plus subtils et encore plus rigoureux à discerner. L'expérience dans les dimensions plus hautes n'est pas une vie « céleste » ennuyante et uniforme. L'aventure de la contemplation de soi et de la croissance devient de plus en plus intéressante et les récompenses plus désirables. Vous n'aurez aucun regret d'avoir abandonné les systèmes de croyances et modes d'expérience actuels, vous pouvez en être absolument certains.

L'appel à l'étude, à la réflexion, à l'engagement et à l'action, en définissant l'objectif et en répandant maintenant le concept d'un nouveau paradigme, est lancé à chaque lecteur. Il est fort probable que celui qui ne réfléchit pas sérieusement au processus et qui n'anticipe pas les possibilités de la nouvelle expérience à venir ne se sera pas rendu jusqu'ici dans la lecture de nos messages. Les aspects de la logique et des émotions résonnent tous les deux et le changement de conscience s'opère. Même ceux qui s'en détournent ne pourront pas revenir à leur perspective précédente de la situation actuelle à mesure qu'elle progresse vers le sombre changement dramatique organisé. Ceux qui ne choisissent pas de participer activement peuvent toujours prendre part en soutenant simplement l'idée de la possibilité de l'arrivée prochaine de l'ère du règne de l'être arc-en-ciel. La légende veut que les premiers citoyens accédèrent à la surface de la Terre en sortant par une trappe. L'archétype de l'être arc-en-ciel est en train de faire glisser le cran de sûreté de la trappe qui lui permettra d'accéder au prochain niveau d'expérience manifestée. Le moment est venu de poser ce geste !

Chapitre 44

Le pouvoir d'une pensée subtile, lorsqu'elle est focalisée via un point convergeant d'accord mutuel venant d'un groupe représentant délibérément un ensemble, pour « le plus grand bien » de cet ensemble, dépasse l'entendement d'un esprit en 3e dimension. On a maintenant documenté l'évidence du pouvoir de la prière dans la guérison de la maladie quand elle est exprimée par les médecins, infirmières, amis et familles du patient pour son plus grand bien. Le groupe qui s'accorde sur un désir de voir la personne recevoir ce qu'il lui faut pour son plus grand bien se trouve à se brancher sur un potentiel dynamique. Le désir se limite habituellement à voir la personne retrouver un état apparemment « sain ». Cependant, ce n'est pas toujours l'expression du plus grand bien pour cette personne puisque ni cette dernière ni ceux et celles qui l'entourent ne connaissent habituellement le but de sa vie. Il conviendrait donc de laisser la conclusion ouverte. De plus, la personne elle-même peut avoir déjà placé sa décision par rapport à son avenir dans le flot de la Création. Cela nous ramène à nouveau au concept de la pensée qui pense. Le flot d'énergie créative qui, au départ, amène chaque individu en manifestation et qui l'y maintient, est une pensée intelligente qui pense et elle sait absolument ce qui constitue le plus grand bien en toutes circonstances quand on la laisse penser à l'intérieur de ce concept.

La conscience éveillée est une pensée manifestée, consciente d'elle-même dans le cadre de son entourage manifesté. C'est la Création qui se vérifie elle-même, non seulement pour se connaître mais pour investiguer ses capacités à manipuler son potentiel pour faire ses expériences et se connaître à un plus haut degré. Chacun de vous est une pensée créatrice engagée dans cette merveilleuse expérience. Vous êtes une pensée intelligente entourée par la potentialité de la pensée intelligente. La seule manière d'être contrôlé par quelqu'un d'autre, c'est de vous permettre de croire que vous êtes quelque chose que vous n'êtes pas. Vous devez être convaincu que vous êtes quelque chose que vous n'êtes pas et le croire. Vous devez être convaincu que vous êtes impuissant et sujet à la volonté des autres, donc une victime.

La pensée intelligente qui vous entoure est sujette à votre volonté intentionnelle de la diriger. Si vous faillissez à lui donner une direction, elle accepte simplement la direction que quelqu'un d'autre lui donne à votre égard. Donc, de par son ignorance, l'humanité a consenti à être manipulée. La méthode la plus efficace utilisée pour littéralement voler votre pouvoir fut la diversion de l'usage de ce pouvoir en vous convainquant de le diriger à l'extérieur de vous-mêmes vers une Source très peu comprise et inconnue, appelée Dieu. Tout le pouvoir est investi dans cette vague entité inconnaissable qui peut ré acheminer ou non vers l'adorant l'énergie que ce dernier lui offre. Ce procédé est encore plus dilué si l'énergie doit d'abord passer par un « prêtre » qui la dirige alors vers Dieu et le prie de vous la retourner. Pourtant, c'est votre pouvoir ; à vous de le diriger comme vous voulez. Vous êtes un être unique dans la Création, le seul à faire les expériences que vous faites. Est-ce que la Bible ne contient pas une question qui se lit un peu comme suit : « Ne savez-vous pas que vous êtes des dieux ? » En effet, vous le savez maintenant !

La leçon ici, c'est d'apprendre à diriger ce pouvoir en harmonie avec les lois qui sont sous-jacentes ou supportent l'intégrité du flot de la Création. Cela ne peut se faire efficacement à moins que le concept des lois ne soit connu et accepté afin qu'il puisse être pratiqué à travers l'expérience jusqu'à la sagesse. Les Terriens font présentement l'expérience de ce qui se passe quand le pouvoir de cette énergie est mal employé à dessein par certains pour restreindre l'évolution des autres dans le cadre d'une expérimentation tordue. Ces entités apprennent seulement comment et jusqu'à quel point d'autres êtres peuvent être limités et manipulés à se sacrifier et à souffrir. Observer n'est pas transformer le savoir en sagesse. L'humanité apprend que le sacrifice et la souffrance n'attirent que davantage de la même énergie. Il est temps de vous éveiller et de vous rendre compte que vous ne ferez que perpétuer le modèle si vous continuez sur la même trajectoire. Pour arriver à modifier cette expérience, il vous faut reconnaître le schéma actuel et concevoir un nouveau modèle qui le remplacera.

Il est peut être difficile d'accepter que ce qui vous a été enseigné de génération en génération ait été délibérément corrompu et vous ait été offert en tant que vérité dans le but de tromper et de manipuler la population entière d'une planète. Il est encore plus difficile d'imaginer qu'une pensée de groupe soit à ce point déformée qu'elle se concrétise en un jeu infâme des milliers d'années durant. Vous n'avez pourtant qu'à accepter cet état de chose pour ce qu'il est et prendre la décision de retirer votre permission d'être un de leurs pions de plastique qui se courbe et se tord pour satisfaire leurs désirs.

Le moment est venu de reprendre possession de votre droit à déterminer vous-mêmes votre présent et votre avenir. Ce processus ne vous laisse pas avec moins, mais avec plus. Vous savez en vérité qui vous êtes et ce que vous êtes. Vous avez maintenant un processus pour vous aider à vous familiariser avec votre droit et votre pouvoir inhérents à déterminer votre propre cheminement. Laissez la Loi d'attraction s'occuper des abuseurs. La clef de leur futur tient au retrait de votre approbation et de votre coopération. Au moment où leur foyer d'intense contrôle se brisera, les énergies changeront pour eux aussi. Il vous suffit de savoir cela. Ne perdez même pas de temps à réfléchir à leur avenir. Préoccupez-vous seulement de créer le vôtre. C'est une tâche suffisante pour occuper chacun de vous pour un bout de temps.

Il est temps de se mettre au travail. Est-ce qu'un avenir nouveau exige que vous laissiez derrière vous tous les aspects de votre expérience actuelle ? Pas nécessairement, mais chaque aspect doit être soigneusement passé en revue afin de vous assurer qu'il s'intègre parfaitement dans le nouveau paradigme qui sous-tendra l'évolution de tous. Le mieux est de commencer avec la déclaration d'objectif, puis d'y ajouter une structure simple qu'on peut remplir de manière appropriée, sans oublier que ce qui est approprié pour l'un ne l'est pas nécessairement pour tous. L'application des lois universelles assure la diversité dans l'harmonie – un but valable à se rappeler. Si chacun se porte individuellement responsable de ses intentions et de ses actions, vous serez témoins d'un mouvement de coopération coordonnée étonnant qui rassemblera tous les participants. Dans la vraie réalisation de ce qu'est le temps, seul le moment présent existe. Le passé est terminé et le futur est à manifester en tant que « moments présents » qui glisseront vers le passé. Le rêve du nouveau paradigme commence maintenant et se poursuit maintenant !

De la même source et déjà traduits :
Premier livre de la trilogie :
Manuel pour le nouveau paradigme

Troisième livre de la trilogie : Devenir

Il est possible de télécharger gratuitement ces trois livres en accédant aux différents sites Web francophones qui les proposent.

Vous pouvez commander les versions anglaises originales ainsi que les traductions françaises et espagnoles de ces trois livres, en format imprimé, sur le site Web anglophone suivant :

www.nomorehoaxes.com

Vous pouvez également commander les traductions françaises de ces trois livres, en format imprimé, sur le site Web francophone suivant :

www.nouveau-paradigme.com

MANUEL POUR LE NOUVEAU PARADIGME

Les messages contenus dans ce livre visent à libérer l'humanité de la prison dans laquelle elle s'est enfermée en adoptant une attitude de victime qui la maintient à un niveau d'expérience rempli de peur et de frustration. À l'origine, il était entendu que l'humanité vivrait non pas dans le luxe mais dans l'abondance. L'information présentée dans ce livre mènera tous ceux qui la lisent et la relisent avec un esprit ouvert, à la découverte de la vérité sur leur identité et leur vraie nature. La recherche est terminée ; des réponses concises et claires vous sont enfin offertes.

Vous ne trouverez pas de récriminations ou de culpabilisation dans ces pages. Chaque chapitre est empreint de clarté et de grandeur. L'intention derrière la rédaction de ce petit livre est d'encourager chaque lecteur à vivre en accord avec les simples lois universelles qui y sont clairement révélées, celles-là même qui gouvernent et étayent tout ce que nous appelons la vie. D'un chapitre à l'autre, votre compréhension s'approfondira. Vous apprendrez à utiliser les lois à partir d'une formule simple qui vous assurera d'un changement absolu dans votre vie quotidienne. Vous n'avez simplement qu'à y penser ou à la prononcer avec diligence et sincérité en temps opportun. Devenir est votre destinée et votre héritage.

DEVENIR

Les messages contenus dans ce livre, troisième et dernier de la série, sont offerts afin de soutenir la réalisation en cours portant sur l'identité et la nature de l'être humain. L'information présentée dans chaque volume déclenche de profondes prises de conscience ; elle mène à la compréhension que l'humanité sur cette planète forme en réalité une conscience intégrale et sainte. Il se dégage de ces myriades de systèmes de croyance humains l'image unique d'une conscience composite. Cette pensée globale crée la réalité de l'expérience humaine. Des efforts faramineux sont actuellement déployés avec l'intention d'influencer la manière dont l'individu et la conscience collective perçoivent l'expérience humaine. Si le mental a comme fonction de décoder la réalité environnante, ce sont les sentiments qui déterminent combien elle est crédible. La confusion interfère dans la capacité de choisir entre ce qui paraît être vrai et ce que les sentiments désignent comme étant vrai. Mais sous toute cette rhétorique focalisée sur les niveaux subconscient et conscient à l'intérieur du flot actuel d'information sous toutes ses formes, on retrouve un désir humain : celui de choisir librement ce qui constitue le meilleur entre tout, pour soi-même et pour l'ensemble planétaire. L'humanité se tient à la fourche, au point de décision, où elle doit soit accepter ce qui lui est présenté comme étant le meilleur, son bien le plus élevé, soit repousser les suggestions programmées et choisir pour elle-même un avenir totalement différent. Au cœur de toute cette question, nous retrouvons l'occasion de choisir la coopération plutôt que la compétition, l'amour fraternel et l'assistance plutôt que la haine et la violence. Le moment est venu d'observer, objectivement et logiquement, la situation mondiale qui résulte de la compétition et du concept de la survie du plus fort – une approche qui isole les humains les uns des autres. Les individus qui feront le choix de poursuivre une nouvelle ligne de pensée montreront la voie vers une interaction différente entre les humains et créeront avec le temps un nouveau paradigme d'expérience pour l'ensemble planétaire. Le moment est venu de se mettre à l'œuvre.

**Pour obtenir un catalogue gratuit,
téléphonez au
1-800-729-4131
ou visitez www.nohoax.com**